Julia Virginia Scheuermann

Sturm und Stern

IGEL VERLAG

H A M B U R G

Julia Virginia Scheuermann
nach dem Porträt von Franz von Lenbach

Julia Virginia Scheuermann

Sturm und Stern

Gedichte

Mit einem Nachwort herausgegeben von
Nikola Roßbach

LITERATUR

Julia Virginia Scheuermann
Sturm und Stern. Gedichte

1. Auflage 2017
ISBN 978-3-86815-717-8
© Igel Verlag *Literatur & Wissenschaft*, Hamburg 2017
Alle Rechte vorbehalten.
www.igelverlag.de
Igel Verlag *Literatur & Wissenschaft* ist ein Imprint der
Diplomica Verlag GmbH

Die Deutsche Bibliothek verzeichnet diesen Titel in der
Deutschen Nationalbibliografie.
Bibliografische Daten sind unter http://dnb.d-nb.de verfügbar.

Ellen Key

in Verehrung zugeeignet

An meine Mutter.

Wer aber war es, der mit treuen Händen
Den Balsam lindernd goss in meine Wunden,
Als, von des Lebens wildem Spiel zerschunden,
Ich blutend mich vom Kampfplatz wollte wenden?

Wer nahte liebevoll mir Trost zu spenden?
An wessen Busen wurde mir Gesunden
Von jener Fieberglut, die ich empfunden,
Seit seiner Sonne Glanz mich musste blenden?

Nicht war's in Gattenarmen mir beschieden;
Nicht in dem Gruss, den mir die Muse zollte.
In deinem Schosse, liebe Mutter, war es,

Im keuschen Kusse deines Lippenpaares,
In dem ich weinend wiederfinden sollte
Den alten, wundersüssen Kinderfrieden.

Am Altar der Kunst

I.

Ich lasse dich nicht,
du segnest mich denn ...

Göttin der Kunst! Entschleire dich mir.
Sieh, ich liege vor deinem Altar
In heissem Verlangen, in brünst'ger Begier
Und bringe dir leuchtende Opfer dar.

Ich bringe dir weisse, duftende Blüten
Voll lauterer Inbrunst, voll heiliger Kraft,
Die tief in der Seele Tiefen mir glühten,
Und froh sich entrangen der nächtigen Haft.

Ich bringe dir goldene Früchte und Spenden,
Die ich von meines Lebens Baum
Pflückte mit fieberdurchgluteten Händen;
Und küsse deiner Gewande Saum.

Ich will meine junge Seele dir bieten
Nicht nur in flammendem Jugenddrang —
Ich will dein heiliges Feuer hüten
In Treuen mein ganzes Leben lang.

Weis mich nicht von dir. — O lüfte, du Hehre,
Den Schleier und zeig mir dein strahlend Gesicht.
Sieh, wie ich dürstend nach dir mich verzehre,
Wie ich verschmachte nach Schönheit und Licht.

Sieh, wie ich liege auf steinernen Stufen
In bangender Sehnsucht, in qualvollem Harme.
O höre der Seele schluchzendes Rufen!
O tue mir auf die erlösenden Arme!

Zieh mich empor an die göttlichen Brüste,
Kürend zur Priesterin einst mich ernenn. —
Und ob ich auch harren und harren müsste:
Ich lasse dich nicht, du segnest mich denn!

II.

Sempre avanti!

Mein Schlachtruf dies! — Der stets mit neuer Kraft
Markvoll die Seele mir erschüttert,
Wenn sie, vom fieberhaften Kampf erschlafft,
Verzagend in Entmut'gung zittert.
Der sturmwindgleich mein ganzes Sein durchbraust
Bei Tag und in der stillen Nacht;
Mit Zaubermacht die müdgewordne Faust
Mir wieder stählt zu neuer Schlacht,
Sempre avanti!

Ich hasse euch, ihr stumpfen Schneckengeister,
Die ihr im Tale träumend klebt,
Fürwahr! Nur jener ringt sich auf zum Meister,
Der zielend, fordernd lichtwärts strebt!
Ich hasse euch, o Drohnenschar, die ihr
Im Dunst der Selbstzufriedenheit
Behäbig hinkriecht, während für und für
Der Ruf durch meine Seele schreit:
Sempre avanti!

Ich hasse euch, die ihr im seidnen Pfühle
Der Seele Adlerschrei erstickt;
Die ihr im Banne träumerischer Schwüle
Nur rote Liebesrosen pflückt;
Von deren weichem, wollusttrunknem Mund
Erotischer Gesang erschallt,
Derweilen übers weite Erdenrund
Der Feuerruf gebietrisch hallt:
            Sempre avanti!

Hört ihr ihn nicht, wie er von hoher Zinne
Entflammend bläst zur Geisterschlacht?
Wie er der Jugend stürmisch heisse Sinne
Zu voller Schaffenskraft entfacht?
Wie er berauschend, süssem Weine gleich,
Die jungen Adern uns durchdringt? —
Seht ihr denn nicht, wie dort verheissungsreich
Des dunklen Lorbeers Krone winkt? — —
            Sempre avanti!

So schreib ich's fordernd denn auf mein Panier.
So stürm ich sehnsuchtsheiss, verwegen
— Gejagt vom Göttersporn der Ehrbegier —
Dem jungen Morgenrot entgegen!
So werd ich froh, von heil'ger Glut entloht,
Für alles Hohe kämpfen — glühn —
Und noch in letzter Stunde Nacht und Not
Soll jauchzend mich der Ruf durchziehn:
            Sempre avanti!!

III.

Ich will! —

Ich bet es brünstig Tag um Tag.
Ich hab's zum Wahlspruch mir erkoren.
Und ist auch alles gegen mich verschworen —
Ich strebe lachend meinem Ziele nach!

Ich müde nicht — ich steh nicht still. —
Und starrt mir auch die Welt von Klippen,
Ringt sich erst recht von meinen Lippen
Mein stolzes, trotziges: Ich will!

IV.

Natur! Dem Adler gabst du leichte Schwingen,
In sichrem Flug die Lüfte zu durchdringen.

Die Sonne hat ihr ewig Strahlenlicht,
Das siegsgewiss durch Winternächte bricht.

Fürwahr! Wohl jedem schenktest du die Waffen
Zu seiner Selbsterhaltung, seinem Schaffen.

Doch mir — mir wurde nur die Feuerseele,
Der wilde Fleiss, mit dem ich heiss mich quäle;

Nicht aber jene kühne Schöpferkraft,
Die mühlos Leben aus dem Chaos schafft.

Und in dem Drang nach allem Hohen, Guten
Will langsam meiner Seele Kraft verbluten. — —

V.

Verglommen ist mein Vestafeuer
Zu grauer Asche kalt und tot,
Es wurde sieghaft überloht
Von einem andern, grössern Feuer.

Ich haste ruhlos durch die Welt,
Gehetzt wie ein verirrtes Tier.
Ein grosser Schrei nach dir, nach dir
Nur noch durch meine Seele gellt.

Der kalte Ton, den meine Hand
Erweckte schaffensfroh zum Leben,
Macht sie erschauern, ach! erbeben,
Seit heiss dein Kuss auf ihr gebrannt.

Der Jungfrau Bild, das einst entzückte
Den keuschen, schönheitsdurst'gen Sinn,
Flieht scheu mein Blick, seit ich darin
Nur einer Mutter Wonnen blickte.

Ja, mein Palladium ist zerschellt!
Die Priest'rin starb dem Weib in mir. — —
Nur noch der Schrei nach dir, nach dir
Durch meine arme Seele gellt!

VI.

Meine Wangen, die waren zwei Rosen rot,
Und sind jetzt so weiss . . so weiss . .
Die grosse Flamme ist kläglich verloht
In Nächten einsam und heiss.

Meine Wangen, die blühten in Schaffenslust
Und waren gar bald erblasst. — —
Ersticke mit Küssen das Weh in der Brust,
Das mich so wild erfasst.

Fata Morgana

I.

Februarabend. — Die schweigende Welt
In der Sonne sterbende Gluten getaucht.
Von dumpfem Verlangen die Knospen geschwellt,
Von zitterndem Sehnen die Seele durchhaucht;

Von zitterndem Sehnen nach Frühling und Glut,
Denn der Winter war schaurig und kalt —
Mein Gott, wie sich's wohlig im Arme dir ruht!
Wie ich vergehe an deiner Gestalt!

Ich glaube, ich hab gesucht und verlangt
Mein ganzes junges Leben nur dich.
Ich glaube, ich habe nach dir nur gebangt,
Wenn mich das zehrende Fieber durchschlich.

Nun hab ich — nun fass ich — nun halt ich dich, Glück!
Ich schliesse die Augen selig und matt. — —
Wir fahren in trunkenen Träumen zurück,
Zurück ins Gewoge der grossen Stadt.

II.

War's Sünde? —

— — — Auf dem Canale grande war es —
In einer märchenschönen Mainacht Prangen.
Lind schmeichelnd floss die Nachtluft um die Glieder.
Vom Ufer Tassos alte Weisen klangen
      So leis, so leis.

Wir beide sachte gleitend in der Gondel —
Mondlichteswellen wogten uns entgegen.
Die buhlten zärtlich mit den feuchten Fluten.
Und alles flimmerte im Strahlenregen
      So weiss, so weiss.

War's Sünde, dass in all der grossen Schöne
Sich unsrer stummen Sehnsucht Flügel spannten?
Und dass — berauscht vom Taumeltrank des Lebens —
Die roten Lippen ineinanderbrannten
      So heiss, so heiss? —
War's Sünde? — — — — — — — —

III.

Es waren Stunden, schön und glanzumsponnen,
Die wir in der Uffizien heil'gen Auen
Verträumten einst in andachtsvollem Schauen,
— Umspielt vom Friedenshauche der Madonnen.

Denn unterm Glutstrahl goldgemalter Sonnen,
Beim Anblick heitrer Himmel, die dort blauen,
Begann es in den Herzen leis zu tauen —
Nordländ'sche Nebel waren bald zerronnen.

Es trafen unsre Augen sich im Kusse.
Wir wurden eins im Fühlen, eins im Denken.
Und unsre Seelen neigten sich zum Grusse.

Ein Engel wollte sich herniedersenken,
Begnaden uns mit seinem Überflusse — —
Da mussten wir die Schritte heimwärts lenken.

IV.

Wir schritten durch der Accademia Flur,
Den Frieden suchend, der uns fehlte.
Doch unaufhaltsam wuchs die Flamme nur,
Die heimlich sehrend in uns schwelte.

Wir sahen nicht die Engel blond und zart
Auf blauen Wolken brünstig knieen — —
Ich sah nur immer deinen dunklen Bart
Und deiner Augen tiefes Glühen.

So sinnbetörend deine Stimme klang,
Die mich mit süssen Namen nannte,
Als damals stürmisch mich dein Arm umschlang,
Als heiss dein Mund auf meinem brannte!

Und wie gehetzt — gepeitscht von Höllentrug!
Wir konnten in dem Raum nicht weilen …
Ich glaub, es war der Sündenträume Fluch,
Der scheu uns hiess von dannen eilen.

V.

Vorbei! — — —

Es saust der Zug — die Nacht währt lang.
Die Zeit schleicht hin im Schneckengang. —
Ich lieg in die Polster apathisch gekauert.
Nur manchmal ein Zucken nervös mich durchschauert.
— Maremmenluft zieht zum Fenster herein.
Ich schlürfe sie gierig, wollüstig ein. — —
Und das Räderwerk wilder und wilder schwingt.
Dröhnend sein Rollen zum Ohre mir dringt.
Mein Atem stockt — mein Puls geht schwer.
Ich denke — fühle — weiss nichts mehr,
Als dass ein jeder erneuter Stoss
Uns weiter reisst von einander los.
Und ich stürze mich nicht zum Fenster hinaus.
Und ich stürme nicht durch der Dunkelheit Graus,
Zu dir, meinem Liebsten, der mich begehrt!
Zu dir, o Seele, die mir gehört!
Nach der ich geschrieen viel tausendmal,
Die ich gefunden nach Jahren der Qual
Und dann verloren — verloren — — —
Doch nein — nein — nein! Es kann nicht sein!
Es war nur alles ein böser Traum.
Entwichen, eh' geträumt noch kaum.

Wir wurden nicht auseinandergerissen,
Grausam vom eignen bösen Gewissen.
Ich fahr nicht nach Süden — du nicht gen Norden —
Wir sind nicht auf ewig geschieden worden.
Wir fahren in jubelnder, schluchzender Pein
In eines Himmels Pforten ein;
Vielleicht auch in des Abgrunds Qual,
Ob dahin — ob dorthin, Herrgott, wie egal!
Ich bin bei dir — du bist bei mir,
Seligste Schuld vereint mich mit dir.
Ich lasse, ich lasse dich nimmer!
— — — — — — — — —

Ich schrecke auf. — Allein! Allein!
Es zuckt mein Herz in Todespein.
Schrill höhnt der Lokomotive Schrei:
Vorbei! Vorbei! — — — — — — —

VI.

Du wardst zum Balder mir, zum Sonnengott,
Der mit des Allbefreiers Flammenküssen
Mich jäh aus winterlichen Finsternissen
Zum Leben rief, zum roten, heissen Leben!

Und wie gebenedeit erschien ich mir,
Als mich das goldne Lichtmeer übersprühte,
Mein All und Alles dir entgegenglühte:
An deiner Brust in Jauchzen zu vergehen!

Es starb die grosse Glut. — Die Sonne sinkt. — —
Die alte Nacht naht schattenschwanger wieder.
Und fröstelnd schlepp ich hin die müden Glieder,
Hin unter grauverhängtem Regenhimmel.

VII.

Ein weicher, weisser Schleier
Liegt über Busch und Strauch,
Und durch des Sommers Feier
Schleicht schon des Herbstes Hauch.

Von seinem Reif getroffen
Wird bald der Blüten Schar —
Wird sterben wie mein Hoffen,
Das einst der Lenz gebar.

Das meinen Maienmorgen
Zu kurzem Blühn entfacht —
Ich wollt', ich läge geborgen
Tief in der Erde Schacht …

VIII.

Nach Jahren.

Und wenn die böse Zeit will wiederkommen,
    Die selige Zeit, da Blüte sich auf Blüte senkt,
Wie schlägt mein einsam Herze dann beklommen,
    Was ist es, das es so bedrängt?
Zerrissen ist der stille Grabesfrieden,
    Vergangnes dämmert, was kein Name nennt;
Und mit allmächtigen Banden wollen mich umschmieden
    Erinnrungszauber, die ich tot gewähnt: —

Palmsonntag! Frühlingsglanz! — Und du, du Einziger
                   Unvergessner
    Zur Seite mir in meiner Arnostadt.
O Wintertraum, o süss vermessner,
    Der sich zur Wirklichkeit gestaltet hat.
Wir schritten scheu, mir ist, als wär' es heute,
    Durch dunkle Quaderpracht, fern unter blauestem
                   Himmelszelt,
Ehrwürdig klang der Santa Croce keusch Geläute;
    In Blüten aber jauchzte rings die Welt! — —
Und wie zur heiligen Himmelsköniginne,
    Der Hohen selber in der Engel Chor,

So lauschten gläubig meine jungen Sinne
   Zu deiner stolzen Männlichkeit empor.

Spätabend ward's. Du hattest lange mich verlassen,
   Den eignen Willen grausam selbst verneint.
Mich aber trieb's noch einmal durch die Gassen,
   Die wir durchwandelten vereint.
Gleich Schemen huschten mauerlängs die braunen Kutten;
   Aus jedem Winkel schaun Madonnen mutterselig
                    und verträumt —
Da grüsst' ich sie, da küsst' ich rings die rosigen Putten;
   Und wusst' doch kaum, wie viel wir beide noch
                    versäumt.
Aus alten Höhen strahlt dein Bild mir nieder.
   Dein bin ich wieder! — — —

Und du — denkst du noch mein? — Ich weiss es nicht.
   Drei Sonnen kamen — strahlten — schwanden.
Erstickt wohl die Gefühle längst im törichten Verzicht,
   Die Glutgefühle, die wir einst empfanden.
Und ach, nur wenn die Zeit will wiederkommen,
   Die hohe Zeit, wo Blüte sich auf Blüte senkt,
Da sprühen Funken, lang verglommen;
   Ein totes Herze seines Frühlings denkt.
Da ist es mir, als wenn auch deine Brust erbebe
   — Von der Erinnrung Schauern übermannt
Und weit wohl über Meer und Lande leuchtend webe
Von Seel' zu Seel' ein unvergänglich Band. — —

Neues Leben!

I.

Vorfrühling.

Feuchte, schwarzgedehnte Schollen —
Locker aufgeworfner Grund —
Herber Erdenduft, entquollen
Ringsumher dem weiten Rund.

Junges Grün, neugierig sprengend
Brauner Knospen Mutterschoss,
Sich mit Zaubermächten drängend
Von der Nacht zum Lichte los.

Durch die feiersame Stille
Wie ein leises Raunen geht's:
Ahnen ist es, Daseinswille,
Leben, Lenz und Liebe weht's!

II.

Erste Blüte.

Sieh, über Nacht —
Welch eine Pracht!
Leise, ganz leise,
Mit heimlichem Fleisse
Ist's Wunder vollbracht. —
Was gestern noch schlief,
Verdrossen und tief
Hat heut sich erschlossen,
Der Sonnen ergossen.
Sprengend die Hülle
Mit machtvoller Fülle,
In jungfräulichem Kleide steht,
Von tausend Blütenblättlein übersät,
Ein wundersamer Frühlingstraum …
Des jungen Lenzes erster Blütenbaum.

III.

Andacht der Natur.

Vom liebeswarmen Sonnenkuss erweckt
Hat weisse Blütenkerzen aufgesteckt
    Feiernd der Kastanie Baum.

Und keuscher Birken Kinderarme zeigen
Mit ihren zarten, frühlingsgrünen Zweigen
    Betend auf zum Himmelsdom.

Viel tausend Blumenaugen aber feuchtet,
Von heil'gen Maienwonnen froh durchleuchtet,
    Einer Dankesträne Tau.

Ernst huldigend im tiefen Waldesschweigen
Der Tannen Äste sich zu Boden neigen:
    Gottes Odem streifet sie —

Und auch das Bächlein, fromm zu Tale wallend,
In Wandern murmelnde Gebete lallend,
    Lobt erschauernd seinen Herrn.

Einstimmet aller Frühlingssänger Chor.
Es steigt aus Rain und Hain, aus Ried und Rohr
    Brünstig auf ein Dankespsalm.

Bei dir, Natur. —

Hochmittag. — Schärfer alle Linien rings im Raume.
Die Lüfte starren schwer und juniheiss.
So totenstill! Hoch ob dem Blütentraume
Zuweilen nur der schrille Ton des Habichtschreis.
Und weithin blum'ge Auen, lichtbesprühte,
Die Büsche überrieselt golden-weiss;
In Prangen all das Land, das sonndurchglühte …
Der Duft des Thymians, des Akeleis
Dringt tief mir ins Geblüte.

Da sink ich schauernd hin. Die jugendheissen Glieder
Begraben in die sommersel'ge Flur.
Zu Haupte nur verschwiegen Laubgefieder
Und hie und da ein Fleck tiefblauester Azur.
Es ist, als wenn ein Schleier sacht sich hebe:
Ich ahn — ich fühl euch, Pulse der Natur!
Fern dieser Welt verwirrendes Gestrebe.
Und durch die Seele zieht ein Jauchzen nur:
Ich bin, ich leib, ich lebe!

Sturm an Liguriens Küste.

Jagende Wolken,
Vom Sturmgott gepeitscht —
Grimme Dämonen,
Düster und grau,
In erbittertem Kampf
Mit zitterndem Blau —
Schneehäuptige Felsen,
Nicht wankende Riesen,
Stolze Verspotter
Von Zeit und Sturm;
Hoch droben
Ein Sarazenenturm!
Brausende Brandung —
Zischender Gischt —
Geile Gewässer
In wildem Verlangen
Mit tausend Armen
Die Erde umfangen,
Täppisch betatschelnd
Den blühenden Leib.
— Natur entfesselt
In Leidenschaft!
Empörung in Lüften,
Aufbäumende Kraft;

Verlangen im Grund,
Verstohlne Begier,
Bald bebendes Sehnen —
Bald wildes Gelüsten —
Liebeswerben
In allen Brüsten. —
Juchheia Natur!
So lieb ich dich.
Die Arme breit ich aus
In heller Lust,
Und werfe jauchzend mich
  An deine Königsbrust!!

Mohnfeld.

Schon lange buhlt der Sonne Strahl mit heissem Blick
Um einer jungen Lenzenwiese Liebesgunst.
Bezwungen endlich ist die Keusche auch entbrannt:
Des Mohnes Knospen springen auf in heller Brunst.

Ein flimmernd Feuerfeld … ein funkelnd Flammenmeer,
Entfachte Gluten recken sich in Jugendkraft.
Auf purpurfarbnen Leuchtefluten aber wogt
Ein alter Sang — das Hohelied der Leidenschaft!

Verblutende Sonne. —

Die Sonne — eine Königin — mit junger Nacht
Ums Herrscherrecht erbittert ringt.
Doch sieh! schon wankt ihr Purpurthron in seiner Pracht,
Und tief und tiefer sie versinkt.

Da einmal noch die Stolze sich zum Kampf aufrafft
In alter Jugendfeuerglut,
Doch nur — um sterbend mit zu bald erlahmter Kraft —
Zu winden sich in ihrem Blut.

Tief rötet sich des Himmels weite Flur ringsum.
— Ein schaurig-schönes Schlachtenfeld —
Des grossen Sterbens unbegreifliches Warum
Tönt leise klagend durch die Welt.

Johannisnacht.

Es fallen viel Küsse vom Himmel,
Viel heimliche Küsse heut nacht.
Wirr flimmert das Sternengewimmel
    In seltsamer Pracht.

Des Mondes volle Leuchte
Hängt gross am Himmelszelt.
Seiner tauigen Strahlen Feuchte
    Trinkt rings die Welt.

Leuchtende Käfer stieben.
Und der Grillen zärtlicher Chor
Zirpt sehnend sein Lied. — Altes Lieben
    Steigt mir empor.

Wünsche, lange getragen
In des Herzens tiefstem Gemüt;
Gestalten zur Hölle sich wagen,
    Für die ich geglüht.

Geglüht. — Und doch immer vergebens!
Vergebens geglüht und geliebt. —
Wo bist du, der mir des Lebens
    Fülle gibt? — —

Leben!

Leben! du purpurner, quellender Sprudel,
Ich möchte mit beiden Händen dich fassen,
Möchte mich stürmisch umtossen lassen
Von deiner Brandung bacchantischem Strudel!
Möchte mich stürzen in deinen Schlund
Jauchzend, mit gierig geöffnetem Mund. —
Möcht' sie entlodern lassen die Gluten,
Die scheu mich durchziehn, die der Erden entstammen,
In deines Taumels Champagnerfluten
Zu blühenden, glühenden Flammen!!

Jung bin ich — jung, und voller Verlangen.
Von Reichtum, von schäumendem, flutet es über.
Und es zuckt, es zittert mir jede Fiber:
Dich, o du lockende Welt, zu umfangen.
Doch die Zeit, die kostbare Zeit, sie entflieht —
All meine Kräfte stehn im Zenith!
Und nach deiner Hochflut schillernden Wogen
Heimlich, begehrlich von ferne nur lugend,
Dorren die Blüten, der Labe entzogen;
Dorrt meine schwellende Jugend.

— Rings doch in Weiten, da winken die Wellen,
Sie winken und werben mit schluchzenden Bitten …
Ich schleiche mich näher mit zögernden Schritten.
Sie fluten heran, sie steigen, sie schwellen!
Und der Sirenen wildsüsser Chor
Tönt lockend herauf an mein lauschendes Ohr.
Und bäumend und schäumend die Wasser sich mehren,
Die gleissenden Arme in Gier nach mir reckend.
Schon züngelt's empor, mit wildem Begehren
Die brennenden Sohlen mir leckend.

Und so stürz ich denn tollkühn, mit lachenden Lippen,
Mit all meiner Jugend entfesselten Gluten,
Leben! In deine purpurischen Fluten
— Durchstarrt von tausend zackigen Klippen —
In deines Malstroms Wirbelgetos,
In seiner Fluten hölltiefen Schoss:
Ob er zum Lichte mich stolz mag erheben,
Ob ich im Strudel werde versinken — —
Ihr Götter! nur leben, nur leben,
Nur trinken!

Im Wagen ...

Mein Liebster, da bin ich!
Verstecke — begrabe
Mich unter den Flügeln
Des schützenden Mantels,
Wo keiner mich findet,
Mich keiner erspäht.
Erwärme mein Herz
— Das müde, verwirrte —
An deines Herzens
Lauterer Glut.
Denn wisse: ich fror,
Ich bangte mich sehr
Da draussen im Sturmwind. —
Dich aber, Geliebter,
Dich fürcht ich nicht,
Dich, meinen Schützer
Der selbstlos entriss
Das arglose Kind
Den gierigen Händen
Lüsterner Knaben ...

Und ob ich nun glücklich — —
Du fragst es mich noch?!
Ich sterbe vor Glück!

Schon fallen die Lider,
Die tränenbenässten,
Willenlos über
Die trunkenen Augen.

— — — — — — —

— — — — — — —

— — — — — — —

Wie wird mir so schwül,
Ich vergeh — ich ersticke — —
Umschlinge mich nicht
So ungestüm heiss.
Und starr mich nicht an
So seltsam — so bittend.
Durchwühle die Locken
Bacchantisch mir nicht
Mit fiebernder Finger
Verwirrendem Griff.
Erwecke nicht grausam
Entschlummerte Wünsche
Mit wildsüsser Küsse
Berauschendem Gift.
Mein Gott — mein Gewalt'ger —
Gib gnädig mich frei!
Auf dass uns die Weihe —
Die — Weihe — nicht — — schwinde — —

Dir!

Du nahmst mit Siegergriff mein junges Haupt,
Und hast mir Kuss um Kuss geraubt.

Du gabst mir ein von deiner Leidenschaft.
Gabst mir ein Ur-Teil deiner Kraft.

Und einen Hauch von deinem Feuergeist,
Der schwellend, fordernd in mir kreist.

Der inmer lebt und lodert für und für ...
Und was ich bin — ich dank es d i r!

Fatum.

Seit deines Geistes Adlerflügel
Mich trug in meiner Sehnsucht Land,
Seit jenes unlösbare Siegel
Dein heisser Mund mir aufgebrannt:
Bin ewig ich dein Eigentum! —
Ich, die zu herrschen nur begehrte,
Die fieberte vor Durst nach Ruhm,
Und die der Ehrgeiz fast verzehrte.

Es war wohl erst nur Drang zum Lichte,
Der mich in deine Arme trieb,
Dieweil von deinem Angesichte
Ein Leuchten an mir haften blieb.
Doch bebend wurd' ich bald gewahr:
Es war mein Schicksal, dich zu lieben.
Der Ew'ge selbst schuf uns zum Paar …
So steht's im grossen Buch geschrieben.

An deiner Brust, in deinen Armen
Wär' ich zum Leben bald erwacht,
Wenn du mit göttlichem Erbarmen
Mich wachgeküsst aus dunkler Nacht;
Wenn du von deinem Überfluss
Mir Rosen sorglich ausgebreitet,

Und — stützend meinen schwachen Fuss —
Zur lichten Höhe mich geleitet.

Und ich — ich hätte dich umschmeichelt
Wie Frühlingswind den starren Firn,
Mit Kinderhänden weggestreichelt
Die Runenschrift auf deiner Stirn.
Ich hätte meine junge Kraft
Zum Opfer lächelnd dir gegeben,
All die verborgne Leidenschaft
Zur höchsten Lust, zum höchsten Leben!

Du nahmst sie nicht. — In grellem Scheine
Erblinkt ein Reif an deiner Hand.
Verraten kannst du nicht die Eine,
Die liebend einst dein Arm umwand. — —
So trieb's uns von einander fort,
Sieghaft die Satzung aber waltet.
Und meiner Knospen Fülle dorrt,
Eh' sie zur Blüte sich entfaltet! —

Nachklang.

Als du mir damals liebentbrannt zu Füssen sankst,
Mit wildverwegnen Bitten in mich drangst:
Zu fliehn mit dir in jenes goldne Land,
So sonnenrot ... so lockend unbekannt ...
Da bebt' ich heimlich wohl und bang
Sekundenlang —
          dann lacht' ich laut.

Doch als du heut so fremd an mir vorübergingst,
Am Arm der andern liebestrunken hingst!
Als eurem Anblick fröstelnd ich entwich,
Und einsam dann auf meine Kammer schlich:
Da dacht' ich jenes Augenblicks
Verschmähten Glücks —
          Und weinte leis.

Abschied.

Und eh' man denn mich kränze,
Mit Myrten mich umflicht —
Noch einmal mir erglänze
Sein liebes Angesicht.

Ich bin die Wege gangen,
Die seine Wege sind,
Weich streichelte die Wangen
Der Sommerabendwind.

Hab angeschaut die Steine,
Die oft sein Fuss betritt.
Und dacht': wär' ich alleine,
Ich nähm' sie neidisch mit.

Und kam bis zu dem Tore,
Dem Tor mit güldnem Knauf,
Heiss starrt' ich zur Empore
Des Erkerzimmers auf.

Doch keiner Leuchte Funkeln
Weist gütig mir sein Haupt.
— Tot lag das Haus im Dunkeln,
Des hohen Herrn beraubt.

Da sank ich auf die Stufen,
Die Stufen hart und kalt;
Und ein verzweifelt Rufen
Mir durch die Seele hallt:

Wo ist er jetzt, in wessen
Al'basterweissem Arm?
Hat ganz er mein vergessen
Im tollen Weiberschwarm?

Denkt plötzlich er im Rausche
Der alten Zeit zurück,
Und gäb' die Welt zum Tausche
Um ein zertreten Glück? — —

Auf treibt's mich von der Fliese,
Mir wird so weit, so eng —
War's nicht, als ob im Kiese
Sein stolzer Schritt erkläng'?

So harrt' ich, bis es hellte.
Weiss nicht, wie lang ich stund.
Und manchesmal nur bellte
Mich herrisch an sein Hund. —

Mein Geheimnis.

(Nach Arvers.)

Ein tiefes, heiliges Geheimnis ist mein eigen:
Ewige Liebe, die der Augenblick gebar.
So hoffnungslos mein Leid; ich hab gelobt zu schweigen,
Und die mir's zugefügt — nie ward's ihr offenbar.

Ich werd ihr nah sein unbeachtet immerdar,
Zur Seite ihr und einsam doch im Lebensreigen;
Werd, bis sich meine Tage sanft zu Ende neigen,
Von ihr begehren nichts — empfangen nichts fürwahr!

Und sie, der doch ein Gott ein zärtlich Herz
verliehen,

Sie wird gemach und ruhig durch dies Leben ziehen,
Achtlos der Liebesseufzer, die sie heiss umwehn.

Gestrenger Pflicht getreu, wird fragen sie beim Lesen

Der Verse hier, die ganz erfüllt von ihrem Wesen:
„Wer aber ist dies Weib?" — Sie wird es nie verstehn.

Antwort auf das Sonett von Arvers.

(Nach Cécile Gay.)

Und weisst du denn, ob sie nicht doch ein Ohr geliehen
All' deinen Liebesseufzern, die sie heiss
      umwehn? ...
Selbst Schwüre, die auch nie der Lippen Tor entfliehen,
Ein Weib, o wisse Freund, wird immer sie verstehn.

Wenn aber ihr ein Gott ein zärtlich Herz verliehen,
So musste Kämpfe voller Qualen sie bestehn,
Das arme Herze wahrend, wappnend an sich ziehen
Vor einer Liebe, allzutief, sie zu gestehn ...

Gestrenger Pflicht getreu, der nie sie sich enthoben,
Bestand sie wohl die stärkste aller Tugendproben: —
Fühllos zu scheinen stets und achtlos deines Leids!

Nein, du nicht nur birgst ein Geheimnis, du alleine.
Glaub mir, es wandelt wohl hienieden mehr denn Eine,
Die heitre Stirne zeigt — und dennoch schleppt ihr Kreuz.

Besiegt.

I.

Spart, Teure, euer Schmähn und Zornesschnauben,
Hört endlich auf mit eurem Herdenwitz,
Mit eurer Mär von Treu, Moral und Glauben,
Und steinigt feig mich nicht,
Weil ich ihn jauchzend will —

      der andern rauben.

Der anderen, die launenhaft nur immer
Vom Gnadenhorn des Glückes überhäuft —
Ein Leben ihm verdankt voll Glanz und Schimmer.
Nein! ihrer acht ich nicht:
Ich habe Heidenblut —

      ich lass ihn nimmer!

Und fürder nicht in eure Schranken fugend,
Stoss lachend jetzo den Altar ich um,
Den Pappaltar von Brauch und Pflicht und Tugend.
Denn mein — mein ist das Recht.
Ich habe Götterkraft:

      ich bin die Jugend!

II.

Ich stürmte zu dir. — Fiebernd, sehnsuchtstoll,
Gewaltigen Verlangens übervoll:
Dich jauchzend an mein einsam Herz zu reissen,
Mit Liebesworten heiss dich zu beschwören,
Die Bande, die verhassten, zu zerstören —
Dich endlich, endlich mein zu heissen.

Und als ich dann, von sünd'ger Glut verzehrt,
Erschauernd stand an deinem stillen Herd;
Als ich, von blinder Leidenschaft benommen,
Dies Friedwerk stürzen wollte, schamlos, schnöde:
Da ward mir doch zu Sinn so kinderblöde,
So seltsam feierlich beklommen.

Und alles, was ich eben noch erfleht,
Gleich Nachtgewölk vorm Sonnengold verweht.
Und ungestammelt, unvernommen blieben
Die lauten Wünsche nach verbotnem Glücke:
— Zwei blauer Kinderaugen Unschuldblicke
Entwaffnet mich von dannen trieben. — —

Sieg der Sinne.

Spätnachmittag. —Gedämpft von den Portièren
Ein letztes Sonnenflimmern, müd und schwach.
Und Dämmrung schleicht mit duftig-weichen Flören
Ins hohe einsame Studiergemach.

Das junge Weib, die eifrigste der Frauen,
Dort in den alten Lutherstuhl gebannt,
Den Blondkopf mit den zartverwachsnen Brauen,
Die hochgewölbte Stirn zu ihm gewandt —

Zu ihm am schlichten, schwarzen Pult, dem Einen,
Der liebreich ihren Wissensdurst gestillt
Und ihrer Seele Flammensinn, den reinen,
Mit neuem, heil'gem Glaubensmut erfüllt.

Und wiederum auf seines Geistes Schwingen
In kühnem Adlerflug trägt er sie fort.
Und Ohr und Seele andachtvoll verschlingen
Des viel verehrten Mannes Feuerwort.

Ein lauter Gruss der wahlverwandten Seelen!
— Und rings die Welt in wolkenblauem Dunst —
Sie wollen freudig, gläubig sich vermählen,
Umrauscht vom Genius ihrer keuschen Kunst.

Totstille jäh … Vibrieren aller Sinne …
Ein feurig Fluidum von Leib zu Leib!
— Zwei Menschen aber werden traurig inne:
Sich nur genübersitzen — — Mann und Weib!

Mein Menschenrecht!

Ich lebte tot dahin. — Undinengleich,
Von keinen Seelengluten noch durchflammt,
Wuchs ich in einem fernen Nachtbereich —
Ein Wesen, jener kalten Welt entstammt,
Wo im Verwahr von tausend starren Schranken
Ein jeder Trieb sich nur im Keime regt,
Und ewig sich der Kreislauf der Gedanken
In des Verstandes grauer Bahn bewegt.

Da schaut' ich dich! Und trunken, schier geblendet
Ward ich von deines Glanzes Glorienschein.
Ein güt'ger Engel schienst du mir, entsendet
Aus dieser Tale Nacht mich zu befrein.
Und alles, was bislange in den Falten
Des eisumstarrten, kalten Herzens schlief:
Mit Donnermacht, mit jubelnden Gewalten
Nach Leben, Licht, nach Liebe, Liebe rief!
Und jauchzend löst' ich mein verkümmernd Leben
Vom altvertrauten, sichern Heimatshort
Und legte kindergläubig, blindergeben
In deine Hände mein Geschick hinfort.
Und du — du trugst mit grenzenloser Milde
Mich sanft hinan gen meiner Sehnsucht Höhn,
Du formtest, feiltest mich nach deinem Bilde,

Zu einem Freiling, froh und griechenschön;
Du rissest, ungeahnter Triebe Wecker,
Dämonenhaft an dich mein zitternd Sein;
Du wurdest meines Menschentums Entdecker;
Du hauchtest, küsstest mir die Seele ein!

Und nun, nachdem du mich zu dem gemacht,
Wofür ich dir mein ganzes Leben danke:
Nun sei mein Letztes auch dir dargebracht —
Von deiner Schwelle nimmermehr ich wanke,
In deinen Schoss mein Haupt ich scheusam berg
— In Flammen aber steht mein junger Leib —
O komm, vollende dein Prometheuswerk,
Erschaffer mein! und mache mich zum Weib ....

Weibesliebe.

Ich gab dir so viel, du mein strahlender Held!
Ich war dir ein Spiel —
Du warst meine Welt!
Ich brachte, Gewalt'ger, auf deinem Altar
Dir all meinen Reichtum
Verschwenderisch dar.
Ich schmückte das Haupt dir mit blühenden Rosen —
Duftenden, — weissen, —
Makellosen;
Ich pflückte frohlockend mit bebenden Händen
Dir purpurne Früchte, —
Cyprische Spenden;
Und opferte gläubig immer aufs neue
Köstliches Manna
Goldener Treue. — —
So gab ich dahin in brünst'ger Begier
Mein Gut und mein Blut
Nur dir! Nur dir!
So kniet' ich dann vor dir in Armut und Not
Und bettelt' und bat:
„Einen Bissen Brot" …

Da hast du mich von dir gewiesen
Hinaus in das Dunkel
Gleich einem Dieb!
Und ich — ich lieg auf den Fliesen
Und flüstre:

           „wie hab ich dich lieb!"

Im Sturm ...

Draussen im bergenden Vororte war es —
Dem Treiben der Weltstadt entlegen —
Im Zeichen des sterbenden Jahres —
Just auf den nämlichen Wegen,
Die wir gemeinsam gegangen,
Von feindlichen Stürmen noch nicht entzweit,
Dereinstens in erstem Verlangen
In unserer Liebe Knospezeit,
In unserer Liebe Maienprangen.

Du schrittest vor mir her
So fremd, so kalt —
Es trinkt mein Blick die Hochgestalt,
Doch ach, dein Arm, voller Huld bisher,
Er beut sich zum Geleit
Mir nimmermehr.

Der starke Arm, der kühn sich mein erbarmt;
Indem zu neuem Lenztum ich erwarmt;
Im Lebenssturm mein letzter Halt.
Novemberwind durchwimmert die Gassen,
Und rüttelt wild das dürre Laub,
Und reisst mit seinem Klaggeschrei
Die Seele und die Welt entzwei. —

Langsam und schwer sein Schritt verhallt. — — —
So kannst denn wirklich mich verlassen,
Nur weil der Menschen neidend Hassen,
Zur Trennung uns verdammt?
So wird denn alles, alles Staub,
So wird, was ehedem so hoch geflammt?
Doch noch der Zeiten Raub ? —
Dumpf stöhn ich in die Nacht hinaus:
Vereinsamt denn im Sturmgebraus.
Vereinsamt in des Daseins Sturm,
Denn ach! dein Herrscherlauf mich heut zertritt
Wie dort im Staub den Wurm …

Ein Nahen da — ein hallender Schritt —
Gewaltiger mein, wärst du's? wärst du's?
Ach nein, nein, nein! — Ein fremder Fuss.
Es war ja aus. — — —
Und haltlos wieder und matt,
Ohne Heimatstatt,
Schwank ich hin und her,
Wie im Windesmeer
Ein einsam, verwehtes Blatt.

Nevermore.

Ein Spätherbsttag. — Es raschelt rings das Laub
Hohltönig fühllos unter meinen Tritten.
Ich schleppe fröstelnd mich mit müden Schritten
Durch die Gefilde, weithin tot und taub.

Aus kahlen Sträuchern steigt's wie Grabesduft.
So ist denn kläglich schon verfalbt, vermodert,
Was gestern flammend noch emporgelodert?
— Zerfetzte Wolken geistern durch die Luft.

Und meine Seele, grau und lebensmatt,
— Von warmer Liebessonne jäh enthellt —
Erstarrt gemach im herbstenden Gemüte;

Derweilen einer Hoffnung Spätlingblüte
Mir todestraurig von dem Herzen fällt,
Wie von den Bäumen taumelt Blatt um Blatt …

O, dass ich dich so sehr geliebt!

Es war ein roter Sonnentraum,
Der meiner Seele junger Blüte
Nahm ihren zarten Frühlingsflaum,
Und der so kläglich dann verglühte.
Der mir verglomm am Firmamente,
Von grauer Wolkennacht getrübt. —
O, dass ich dich vergessen könnte!
O, dass ich dich so sehr geliebt!

Ich liebte dich nicht flüchtig bloss,
Ich liebte treu dich, blindergeben,
Ich liebte dich so grenzenlos,
Wie man nur einmal liebt im Leben.
Es hätte meiner Liebe Macht
Jedwede Schranke kühn bezwungen,
Ich hätte selbst in Bann und Acht
Noch mit dem Tod um dich gerungen!

Du aber, zager, schwacher Tor,
Du mochtest an dein Glück nicht glauben.
Sahst sehnend wohl zu ihm empor,
Doch warst zu feige, dir's zu rauben.
Zertratest grausam stets aufs neue
All meiner Sehnsucht Purpurblumen,

Und gabst fürs Manna meiner Treue
Nur blasse, dürft'ge Liebeskrumen.

So kehre reuig, nachtumfahn
Zurück zu nebelniedern Sphären.
Ich werde deiner Kreise Bahn
Mit keinem Wunsche mehr durchqueren.
Kehr denn zurück, ein lasser Streiter,
Zu deiner Gilde dumpfen Schranken,
Und lebe, lieble, darbe weiter,
Und glühe, sünd'ge — in Gedanken.

Ich aber werde fürderziehn
Die Pfade, so mir vorgeschrieben.
Und alle Kräfte werden blühn,
Die mir im Lebenssturm geblieben;
Die mir ein güt'ger Gott vergönnte;
Die mir mein Genius schwendrisch gibt. —
O, dass ich dich vergessen könnte!
O, dass ich dich so sehr geliebt!

Es war.

Kahle, gelbe Stoppelfelder —
Welke Ranken an dem Hang —
Über müdgewordne Wälder
Streicht Novemberwind entlang.

Frierend, mit entlaubten Zweigen
Starren Bäume wunden Blicks
Auf den toten Blätterreigen,
Auf die Trümmer ihres Glücks.

Und wie leises Klagestöhnen
Zieht es zitternd durch das Tal — —
Sterbensmüd in wehen Tönen
Schluchzt der Nord: Es war einmal!

Nachtschatten.

Nun kommt die Schleierfrau geschritten,
Die Mondensichel in der Hand,
Schon dunkelt unter ihren Tritten
Der Erde farbiges Gewand.

Und flüsternd ziehn mit ihr die Träume,
Die nächtige, mohnbekränzte Schar,
Durchziehen schattend alle Räume,
Umflattert von dem grauen Mahr.

Spukhaft sie nah und näher schleichen,
Viel Sternenaugen halten Wacht,
Bis rosigem Morgenrot muss weichen
Die scheue Schattenschar der Nacht.

Der Fürst in der Herberge.

Anlässlich des Besuches Sr. Kgl. Hoheit des
Grossherzogs Ernst Ludwig von Hessen und bei Rhein
in der Herberge zur Heimat Weihnachten 1903.

Christmette. — Rauher Männersang erklingt.
Frühdämmrung in die dumpfe Stube dringt.

Gestalten rings, von Lumpen nur bedeckt,
Die von des Lebens Tafeln nie geschmeckt.

Sie alle um den Priester eng geschart.
Ein Einziger darunter andrer Art.

Was treibt denn diesen aus des Reichtums Schoss
Zu jenen Ärmsten, glück- und heimatlos?

War's einer Laune plötzlicher Entschluss?
Ein Leid? — Die Einsamkeit? — Der Überdruss?

Wie kommt's, dass er sein Prunkgemach verlässt,
Anteil zu nehmen an der Armut Fest? — —

Der Sang verstummt. Der Priester harrend schweigt.
Der Fremde ihm bewegt die Rechte reicht;

Häuft Schätze Goldes in des Hirten Hand
Und flieht die Menge wortlos — unerkannt. —

Dankmurmeln rings. Hat keiner wohl geglaubt
Dass, der da ging, ein krongeschmücktes Haupt!

Lob aber, Lob dem Herrscher hoheitsam,
Der schlichten Sinns als Mensch zu Menschen kam.

Zum Tode Franz von Lenbachs.

So ist denn auch für dich die Stunde kommen,
  Die einem jeden noch geschlagen hat.
Und der den deinen heute dich genommen —
  Ein Freund, ein Friedebringer ist er dir genaht.

Glanzbilder gleiten grüssend mir vorüber.
  Holdseligs leuchtet, was ins Leben mir gestrahlt:
Ich sehe mich dir wiederum genüber;
  Seh, wie dein Zauberpinsel froh mich malt;
Seh, greisen Meister, dich — den Keim des Todes
                schon im Herzen —
  Ein Kunstmal schaffen, sinnenfroh und farbenhold,
Als ob du, ahnend wohl zukünftige Schmerzen,
  Dem Leben einmal noch Tribut gezollt.

Und unaufhaltsam naht er. Siechtums Bande
  Umspannen mehr und mehr den müden Leib.
Und klaglos folgst du ihm wohl in die fernen Lande,
  Ihm, der dich grausam riss von Kind und Weib.
Doch wenn sie schluchzend auch dich jetzt zu Grabe
                tragen —
  All-Deutschland trauert mit an deinem Sarg.
Und wenn auch bald vermorscht im dunklen Schragen,
  Was deine stolze Seele barg —

Sie lebt ja fort in manchem Meisterwerke,
  Der Menschheit schöpferfroh geweiht,
Und kündet jauchzend deines Genius Stärke,
  Du grosser Seelenkünder einer grossen Zeit!
Du der Erobrer besten einer
  In dem, was hoch der Menschen Herz erhebt — erfreut,
Der du vollbracht, was des Jahrhunderts keiner:
  Die Psyche in der Malerei erneut. — — —

Ein Anblick aber will sich strahlend noch erschliessen
  Dem Auge erdenthoben — seherweit —:
Die Ruhmgenossen, Meister, jubelnd dich begrüssen
  Hoch in den Hallen der Unsterblichkeit! —

An Maria Bashkirtseff.

Ich liebe dich, du heisse Slavin,
In deiner Schwäche, deiner Kraft,
In deiner Sinne Lebensfieber —
Im Zauber deiner Mädchenschaft!

Dich, du Vestalin alles Schönen,
Die du — von heil'ger Glut entfacht —
Auf unsrer Gottheit Hochaltare
Dein warmes Herzblut dargebracht.

Ich liebe dich, du Dorngekrönte,
In deinen Schmerzen, deiner Qual,
In deiner wilden Ruhmbegierde
Mit ihren Wünschen sonder Zahl!

Die deinen zarten, weissen Busen
Erdrückten fast mit ihrer Wucht.
O blonde Blume, bald entblättert,
Märtyrerin der Höhensucht!

Die du dich selbst ans Kreuz geschlagen,
Ans blut'ge, heissgeliebte Kreuz —
Hinweggerafft, eh' du genossen
Der Lebensschale höchsten Reiz!

Ich liebe dich, du Starke, Stolze,
In deiner Seele Wahrheitdrang,
Der dich — entzügelt von Dämonen —
Dein Tiefstes blosszulegen zwang.

Und all die Glut, die wildverzehrend
Dich einst durchloht, du heisses Weib,
Sie lodert auch in meinen Adern;
Sie sehrt auch meinen jungen Leib.

Ein Feuerfunke deines Wesens
In mir auch glühend, sprühend kreist:
Denn ich bin Herz von deinem Herzen,
Denn ich bin Geist von deinem Geist!

Hochsommer!

Hochsommerzeit! Rings das Gefild
Glutvoll durchloht von heil'gen Sonnenküssen.
Und, von gewalt'ger Lebekraft erfüllt,
Nach lauen, segenschweren Regengüssen
Die schwangre Erde schwillt und quillt.

Hochsommerzeit! Und ungehemmt
Darf alles freudig blühen, glühn und gären,
Von keiner Maienfröste Hauch gedämmt,
Ein wogend Meer von goldnen Weizenähren
Die Lande weithin überschwemmt.

Hochsommerzeit! In Busch und Hag
Ein grosser Rausch, ein glühend Liebesweben,
Die ganze Welt ein Sonnenfeiertag,
Ein Dithyrambus auf das höchste Leben!
Nur meine junge Kraft liegt brach. — —

Fructidor.

Entsagen dir? — ich kann es nicht,
Dir, der mich warnend abgehalten
Dem dunkelroten Sündenlicht
All meine Knospen zu entfalten;

Der sorgend meinen Fuss gestützt;
Gewehrt dem allzukühnen Wagen;
Der lächelnd, liebend mich beschützt
In wildbewegten Werdetagen.

* * *

— Es rann die Zeit … der Sommer flieht.
Die Gluten alle, die da sehrten,
So aufruhrsatt, so kampfesmüd
Zu lautrem Sonnengold sich klärten.

Und weitumher ein Dankgesang,
Ein Hoheslied von Lobtributen.
Und in besorgtem Geberdrang
Will sich die Erde fast verbluten. — —

So lass auch mich, gedenk des Solds,
Dir freudig meine Gaben streuen;
So lass auch mich in heil'gem Stolz
Dir Leib und Seele bräutlich weihen.

So nimm ihn hin, den hohen Schwur
Der Lippen, die von Reife quillen:
Auf dass in uns auch die Natur
Sich siegend, feiernd mag erfüllen. —

Weihnacht.

Reich deinen Mund mir nicht mehr dar;
Entlodre fürder nicht mein Blut.
Reich mir nur still dein Händepaar.
O, das beruhigt, — das tut gut.

Sieh, ich war jung und voll und heiss,
Als ich dich bebend wiederfand.
Als in den Büschen jedes Reis
In roten Feuerbränden stand.

Die Glut erlosch. — Ein Gott deckt zu
Die trübe Welt mit weissen Flocken.
Und wilde Wünsche gehn zur Ruh
Beim frommen Klang der Weihnachtsglocken.

Und an der alten Sage Kraft
Erstirbt auch meine sünd'ge Glut.
Erweck sie nicht aus Winters Haft,
Gönn ihr des Schlafes Gnadenhut.

Erweck sie nicht zu neuem Blühn
Mit deines Mundes brünst'gem Brand.
Nie soll dein Kuss mich mehr durchglühn. —
O, reich mir nur noch deine Hand.

Und lenk mit ernstem Mannessinn
Mich wieder in die rechte Bahn.
Und dann — dann trag mich lachend hin
Nach meiner Träume Kanaan!

Dort lass uns gläubig niedersinken
Vor unsrer Gottheit Hochaltar,
Und Ruh und Glück und Frieden trinken
Und heil'ge Kraft für immerdar. —

Resonanz.

I.

Siehe, so klingt meine Leier dir wieder
Vielleicht dir zur Lust — vielleicht dir zum Spott. —
So trinke das Blut meiner Lieder
mein Dämon, mein Vampyr, mein Gott!

II.

Sechs Monde vorbei schon. — So ruhlos,
So mutterseelenallein. — — —
Ich blättre mit bebenden Fingern
Im Buch meiner Lust, meiner Pein.

Ich trinke sie gierig wieder,
Die blutroten Lieder der Qual;
Und denke mit klopfendem Herzen
Deiner wie dazumal: —

Als strahlend du zu mir getreten
An jenem Novembertag;
Als ich, von Sehnsucht durchlodert,
Weinend im Arme dir lag.

Es fällt eine heisse Zähre
Auf das weisse, kalte Papier.
Ich flüstre mit fiebernden Lippen:
Noch immer verbrenn ich nach dir!

III.

Nun ist es Abend worden —
Des Tages Lärm verklingt
In zitternden Mollakkorden — —
Feiernd die Sonne versinkt.

Und in dem Zauber, dem stillen,
Umfängt mich der alte Wahn.
Es zieht mich wider Willen
Hinaus auf den Altan.

Die Blicke sich nordwärts lenken
Zu dir, mein hoher Magnet!
Ein heisses Deingedenken
Mir durch die Seele geht.

Die Nacht sinkt hernieder. Es dunkelt.
Und du mir so fern. — so fern — —
Zu Häupten aber funkelt
Hellstrahlend der Venusstern!

IV.

Und friedsam gehn wir wieder Hand in Hand
Durch unsres Tempels weite Gnadenpforte.
Es zieht uns machtvoll zu dem hehren Orte,
Wo fromm ein Gott die Leidenschaften bannt.

Dorthin, wo Gierde nicht die Flügel spannt,
Zu unsrer Sehnsucht wunderstillem Horte.
Ich lausche bebend deinem Feuerworte — —
Und wandle trunken durch der Schönheit Land!

Es trägt dein Geist mich in erhabne Ferne;
Er trägt mich himmelan auf freien Wegen.
Und fester schlingt die Hand sich in die meine …

Da blick ich scheu in deine Augensterne.
Die aber strahlen friedlich mir entgegen
In alter Gluten keuschem Widerscheine. —

V.

Du hast der Blindheit langgetragen Band
Gewaltsam von dem Antlitz mir gerissen.
Erlöstest, lenktest mich mit starker Hand
Aus dieser Tale dumpfen Finsternissen.

Du trägst mich fort zu Landen, licht und weit,
Mit ernstem, vatergütigem Erbarmen.
O dämmert' ich in alter Dunkelheit —
Und läg' in deinen Armen!

VI.

So sitz ich dir schweigend genüber
In dem hohen, stillen Gemach.
Erinnrung gleitet vorüber
Und goldet den scheidenden Tag.

Sie schlingt um unsre Seelen
Ihr purpurfarben Band.
Und die Augen sich heimlich erzählen
Vom einstigen Minnebrand!

Der um mein Dasein mählich
Den Feuerzauber schlug,
Und den ich glaubensselig
So lang im Herzen trug.

Traumdämmrung schattet hernieder.
Du lächelst siegesbewusst:
Und bebend sink ich wieder
An deine Brust. — — —

Nein, eine Geisha bin ich nicht ...

Troll ab, Epikuräerschar!
Ich will euch, Ehrenwerte, ja nicht hassen,
Will euch nur sagen klipp und klar:
Dass wir durchaus nicht zueinander passen.
   Nein, euch blüht meine Jugend nicht.
   Nein, eine Geisha bin ich nicht.

Was lockt euch denn an mir? — Vielleicht
Die Ehrgeizgluten, die mich wild verzehren?
Der Seele Sonnendrang? — Mich deucht,
Ihr, meine Herrn, tragt darnach kein Begehren,
   Ihr, die von Sternen unbeirrt,
   Von Blume nur zu Blume schwirrt.

Der Eine unterm Himmelszelt,
Dem stolz ich würde meine Schöne weihen,
Dem ihr getrennt durch eine Welt,
Er wird mich ewig, ewig vor euch feien! —
   Nein, ihr pflückt meine Blüten nicht.
   Nein, eine Geisha bin ich nicht.

Addio denn! Und tröstet euch,
Und kehrt zurück zu euern ros'gen Klippen;

Zum üpp'gen Sybaritenreich,
Und schlürft und küsst mit wollustheissen Lippen.
    Schlingt Rosen durchs gesalbte Haar
    Und schwingt den Thyrsos immerdar!

Ich aber werde weitergehn
Den langen Weg, besät mit spitz'gen Scherben,
Werd Bilder malen — Töpfe drehn —
Werd Verse schmieden — und im Winkel sterben.
    Doch euch blühn meine Blüten nicht.
    Nein, eine Geisha bin ich nicht!

Rêverie.

Ich liege in grüner Tiefeinsamkeit —
Versteckt unter blumigen Hecken.
Goldregenblüten mein Frühlingskleid
Mit güldenen Tropfen bedecken.

Es flüstern und wispern im schweigenden Raum
Die bebenden, webenden Ranken.
Da träumt mir wieder der alte Traum
(In Ermanglung andrer Gedanken).

Der mich im Fluge manchmal schon
Aus dieser Misère getragen:
Dem siècle der Mucker, der Sezession,
Der Brettl, der Töff-Töff-Wagen.

Zurück zu den Tagen der Heidenwelt,
Als da herrschten der Schönheit Gebote,
Als den schneeigen Nymphen im Laubgezelt
Noch keine lex Heinze drohte.

Ich bin kein modernes Überweib mehr,
Von Hyperkultur entkräftigt.
Kein Nietzsche macht mir das Leben schwer.
Kein Noragelüst mich beschäftigt.

Ich werde wieder zum Kind der Natur,
Zur Griechin mit Leib und Seele!
Der knorrige Stamm dort auf der Flur —
Er wird mir zur klassischen Stele!

Die Goldregenbaum zu Häupten mir
Vergiftet nicht mehr die Lüfte,
Denn ihm entströmen durch Zauber schier
Ambrosia- und Nektardüfte!

Das sind keine welkenden Blüten mehr,
Die das staubige Laubdach entladet —
Es ist Gott Jupiter, hoch und hehr!
Der Danaën begnadet ....

Und meiner Glieder schwellende Pracht
Beengt keine Robe von Faille. —
O selige Zeit der Venus-Macht!
O Kunst! O griechische Taille!!

— — — — — — — —

Ein jähes Erwachen. — In keuchender Hast
Entfahr ich dem blumigen Bette,
Denn ach! ich vergeh, ich ersticke fast
In dem neuen Pariser Korsette!

Pan.

(Ein Mittsommertraum.)

Gewahrt' ich ihn doch an des Bergwaldes Rand
In schwelender Mittagsglut sengendem Brand,
Als ich — müde vom Streifzug durch Fluren und Felder,
Durch blumige Auen und schweigende Wälder —
Der lassen Glieder schwellende Last
Auf schattige Moosbank gebettet zur Rast.
Horch! Über mir plötzlich ein liebliches Flöten.
Es haftet mit freudig bestürztem Erröten
Staunend mein Antlitz am heidnischen Gotte,
Zur Ruhe gelagert vor kühlichter Grotte.
Und wirklich: da sitzt er, der Grosse, Allwaltende,
Der hier in der Wildnis geheimnisvoll Schaltende,
Die Schäferschalmeie in nervigen Händen,
Mit rötlichem Luchsfell umgürtet die Lenden. —
Wie brünstig er flötet! Wie schmachtend er tutet!
Von Liebe und Sehnsucht sehrend durchglutet,
Während sein Bocksfuss, hufig und nackt,
Zum klingenden Spiele schlägt emsig den Takt.
Es tönte die Weise so süss … so berauschend …
Ich schlich mich herbei, dem Arglosen lauschend.
Und mein irdisches Ohr begierig verschlang
Der lockenden Syrinx betörenden Klang!

Und sieh! In der Runde, weit und breit,
Belebt sich des Waldes Tiefeinsamkeit.
Es hüpfen und schlüpfen aus Klüften und Spalten
Der Waldwelt sagenumwobne Gestalten:
Der grünen Dryaden windleichte Scharen —
Feuchte Najaden mit schilfigen Haaren,
Verfolgt von Panisken, zottig-geschwänzten,
Mit lüsternen Leibern, efeuumkränzten —
Faunsbübchen dazwischen, ruppige Törchen,
Die schäkernd sich zausen an spitzigen Oehrchen —
Silene — Satyre — mit ew'gem Gelüste
Auf lieblicher Nymphen sammetne Brüste,
Mit derbem Gescherze, mit schalkhaftem Spott — —
Und alle umtanzen den grossen Gott
Bacchantisch in immer wilderen Kreisen.
Und süss und süsser schluchzen die Weisen ....

— — — — — — — —
— — — — — — — —
— — — — — — — —

Aus wachendem Traume fahr jährlings ich auf,
Und starre verwundert ins Blaue hinauf:
Entflohen der Gott — entschwunden der Spuk —
Versunken der ganze gespenstische Trug,
Das lachende, tanzende Waldgelichter,
Die schneeigen Nymphen, die Satyrgesichter.
Grau grinst mich wieder die Alltagswelt an.
Und ich schleich mich verwaist vom entzauberten Plan,
Lenk zögernd die Schritte hinunter zu Tal,
Zu den Menschlein mit ihrer Philistermoral,
Mit ihren Bergen von Bürden und Lasten,

Zurück zu des Lebens lärmenden Hasten,
Und balde, gar balde, gleich flüchtigem Schaum,
Zerstiebte der Seele Mittsommertraum. —
Nur manchmal zur schattenden Abendzeit
Wird mir ums Herze so seltsam, so weit,
Und rings aus der Mauern beengendem Zwange
Stehl ich mich bergwärts zum waldigen Hange,
Zur einsamen Stätte allgöttlichen Webens,
Doch lausche vergebens, ach immer vergebens
— Nur leise umraunt von der Föhren Sang —
Auf panischer Weisen melodischen Klang. — — —

Omnia vincit amor.

So flecht ich versonnen mir Rosen ins Haar,
Und streue ihm Weihrauch und singe sein Lob.
Ich — die ich einstens erosvergessen
In wildem, frevelhaftem Vermessen
Die Arme zu goldenen Sternen erhob.

So schmück ich die Glieder mit buntem Geschmeid,
Und opfre dem Gotte, dem alles sich beugt.
Ihm — der allzeit das Zepter geschwungen,
Und dem, von zwei dunkelen Augen bezwungen,
Auch meine errötende Seele sich neigt.

Eva.

Und du — du solltest das Zepter schwingen.
Ich wollte dir dienen, treulich wie keine;
Wollt' Tag um Tag dir zu Füssen verbringen
In Andacht vor deinem Glorienscheine.

Ich wollte die schönsten Elogen verbrauchen
Bei deiner Muse erhabnen Ergüssen
Und samt deiner Würde dich untertauchen
— — — In ein Meer von purpurnen Liebesküssen!

Croquis:

I.

Cocotte.

Laute Blicke — leises Flüstern —
Seidner Röcke lockend Knistern —
Üpp'ger Hüften weiches Wiegen —
Wirrer Locken duftig Fliegen.
Wie sie leis verstohlen lächelt,
Von der Nachtluft kühl umfächelt.
Funkelnd vor Brillantenflimmer
In des Glühlichts grellem Schimmer. —
Wie die Geigen schluchzend singen —
Wilde Weisen süss erklingen —
Wie die Blicke an ihr hangen
Voll Verachtung, voll Verlangen!
Wie die roten Lippen glühen —
Ihre Augen Blitze sprühen —
Und so laut und lüstern werben
In dem Angesicht, dem blassen — —
Und so rauscht sie durch die Gassen:
Um vor Hunger einst zu sterben. — — —

II.

In der Morgue.

Da liegt sie hingestreckt in junger Pracht,
Vom grellen, kalten Glase überdacht,
Der Menge gieren Blicken preisgegeben —
Mit nassen Haaren, die wie Schlangen kleben
Um ihre weisse Stirn in dunklen Strähnen,
Drauf Tropfen stehen gleich gefrornen Tränen —
Im langgesuchten, langersehnten Frieden,
Der endlich ihrer müden Seel' beschieden
Nach bitterschwerem, blut'gem Herzenskampf —
Den kleinen Körper noch im Todeskrampf
Fest mit der Hand ans Mutterherz gedrückt —
Der armen kalten, todesstarren Hand,
Die keines Treubands goldner Reifen schmückt.

III.

Im Louvre.

(Auf die Skizze von Helena Fourment mit zwei
Kindern.)

So flüchtet' ich in bittermüdem Groll,
Verletzt — verwundet von dem rauhen Leben,
Von seinem grausam kalten Schicksalsweben,
In deines Reiches heil'gen Hain, Apoll!

Da sah ich jene Vlamin, blond und voll;
Sah ros'ge Kinderhändchen nach ihr streben;
Sah sie in Lust, in Glück, in Liebe beben;
Sah, wie ihr stolz des Busens Fülle schwoll!

Und aus dem Bilde, licht und sonnenhaft,
— Von Meister Rubens Vaterstolz durchglüht —
Klang jubelnd mir entgegen voll Versöhnen

In weichen, warmen, gold'gen Farbentönen
Ein ewig altes, ewig neues Lied:
Das Hohelied beglückter Mutterschaft!

Irrsterne

I.

Ikarus.

Es riss mein wilder Höhentrieb
Mich herrisch aus der Nacht hervor,
Und — wundgepeitscht vom Geisselhieb
Der Ehrbegier — stürm ich empor:
Nach dem Ikarien meiner Gluten,
Nach jenem fernen Flammenreich,
Des purpurrote Sonnenfluten
Mich magisch ziehn in ihr Bereich.

— Versunken ist das enge Tal,
Dem lieblos sich mein Flug entwandt;
Vergessen auch die süsse Qual,
Die einstmals mich in Ketten band.
Nur vorwärts treibt wie Folterspiesse
Mich meines Dämons Herrscherblick.
Und selbst, wenn er noch von mir liesse,
Ich will — ich kann nicht mehr zurück!

Und schaudernd weiss ich doch, dass schon
In heisser Gier die Flamme loht,
Die mit verachtungsvollem Hohn
Mich strafend zu vernichten droht.

Und offen Augs und doch umnachtet
— Entfacht von wilder Träume Kuss —
Nach seinem Sonnenballe trachtet
Ein armer neuer Ikarus!

II.

Ein grosser, stummer Vogel
Kreist über meinem Haupt.
Das ist es, was grausam seit Monden
Den heiligen Frieden mir raubt.

Ich seh ihn nicht. Ich fühle
Nur seinen Flügelschlag
Mich dicht und dichter umflattern
Mit jedem verrinnenden Tag.

Ich kann nicht schreien. — Entsetzen
Die Zunge gefangen mir hält.
Ich senke in dumpfer Ergebung
Das Haupt, das ihm wehrlos verfällt.

Und alles zerflossen … zerronnen …
Woran ich hochheilig geglaubt. — —
Der grosse, stumme Vogel
Stösst nieder auf mein Haupt.

III.

Finale.

Wie ich dich hasse —
Wie ich dich liebe —
Du, mein Gewalt'ger!
Du, mein Gebieter!
Der meine Seele
— Die keiner gebändigt —
In Fesseln schlug.
Der sie geknebelt
Mit höllischen Banden,
Dass sie verzaubert
Zu Füssen dir liegt, —
Sie, die dereinstens
Zum Licht wollte fliegen,
Zur Freiheit! Zur Höhe!

Doch wo sind sie hin,
Die goldenen Träume,
Die purpurnen Schlösser,
Aller der Jahre,
Der dunkelen Jahre
Voll Arbeit und Mühen?

Zerflossen ... zerronnen ...
Zu farblosen Schemen.
Nur dir meine Gluten!
Dir meine Tränen.

Siehe, so lieg ich,
Dein zitterndes Opfer,
Gebannt dir zu Füssen;
Und lausche dem Sturm,
Der die Glieder dir stählt;
Und trinke den Glanz,
Der das Haupt dir umfliesst;
Und lache des Schlamms,
Der die Sohlen dir streift;
Und schluchze und schreie:
Mein Genius, erheb mich!
Und murmle und stöhne:
Mein Dämon, zertritt mich. —

IV.

Nebel.

Nebel umklammern die schaudernde Welt.
Herbstigen Dünsten die Erde verfällt.

Überall Gier nur, Schatten und Kampf.
Ich starre hinaus in den wogenden Dampf.

Sonne, wo bist du, klärendes Licht?
Mich friert, mich friert. — Ich fühle dich nicht.

Auch du, mein Heiland, mein strahlender Stern,
Du bist mir entrückt, bist abseit und fern.

Bist mir verglommen im endlosen Raum.
Entschwunden, entflohn wie ein Traum — wie ein
Traum. —

Nimmer dein Auge über mir wacht.
Und alles zerfliesst in Nebel und Nacht.

V.

Bacchanal.

Wagengerassel — Jubelgejauchze —
Ziegengemecker — Panthergefauchze —
Thyrsustäbe, von Efeu umgittert —
Cymbelklang die Lüfte durchzittert.
Und trunken inmitten seiner Trabanten,
Dionysos, der lachende Gott der Bacchanten!
Da jubeln und jauchzen die Scharen der Zecher:
Evoë Bacchus! Mit schäumendem Becher.
    Evoë Bacchus! So tönt es im Rund.
    Und wälzt sich fort von Mund zu Mund.
    Es kreischen's die Weiber, die lebensvollen,
    Mit den strotzenden Leibern, den liebestollen;
    Es gröhlen's johlend alte Tröpfe
    — Pausbäckige, speckige Satyrkahlköpfe —
    Und wackeln mit rebenumwundenen Bäuchen,
    Und schlürfen an zärtlich umklammerten Schläuchen;
    Es meckern's die bocksbein'gen Gesellen,
    Mit zottigen Bärten, mit haarigen Fellen,
    Mit begehrlichen Äuglein, entflammt vom Gelüste
    Auf schwellende Hüften, auf schneeige Brüste;

Es lallen entlodert die taumelnden Greise
Sie alle — sie alle die selbe Weise:
Evaë Bacchus!!
Und nah und näher hastet der Zug.
Und heiss und heisser umgarnt mich der Trug.
Es klingen die Cymbeln so sehnsuchtswild,
Dass in Ängsten, in Qualen das Herze mir schwillt —
Und im tobenden Strudel der Leidenschaft
Stirbt meine Stärke ... stirbt meine Kraft ...
Lebenspriester! — Verkünder des Seins! —
Bin euer Genoss, bin mit euch eins!
Auf denn! Entfacht die verhaltene Glut
Mit Strömen von cyprischem Traubenblut.
Umwindet mein Haupt mit Büscheln von Rosen
— Scharlachschimmernden, dornenlosen —
Auf dass man nicht länger das Wundmal erblickt,
So die stachlichte Krone mir aufgedrückt.

 Man zerrt mich vom Lager. Man löst mir das Mieder.
 Sie küssen begehrlich die zitternden Glieder.
 Erbarmen! Erbarmen! — Ihr heidnischen Scharen,
 Hebt euch von hinnen, lasst gnädig mich fahren.
 Lasst einsam mich fürder gen Golgatha ziehn;
 Schon seh ich die heiligen Wunden glühn.
 Lasst mich die Sehnsucht im Bussgewand stillen —
 Ich beschwör euch um des Gekreuzigten willen!
 Zu spät meine Reue — die Sinnen mir schwinden —
 Hilfe! — O Hilfe —
 Ich — ver—sinke — in — Rosen—gewinden — — —

Wildeinsamkeit.

Weltfernes Eiland — Traum meiner Nächte —
Bette mich wieder in deinen Schoss.
Stärke die Seele, die müde, geschwächte,
Denn sieh — ich sehne mich grenzenlos
Zurück zu der stählenden Luft deiner Küsten.
Lass mich genesen an felsigen Brüsten,
        Wildeinsamkeit!

Lasse die Salzflut den Leib mir umbranden.
Lass Nordlandwinde die Schläfen mir kühlen;
Denn ich erstickte in Rosengirlanden,
Im üppigen Wuste von schwellenden Pfühlen;
Denn ich verlor mich, denn ich verflachte
Da draussen, wo alles nur liebte und lachte.
        Wildeinsamkeit!

Und lasse mit gierig geöffneten Lippen
Neukraft mich saugen am Born der Natur;
Neukraft mir holen an starrenden Klippen,
Fern vom Gewoge der Weltstadtkultur:
Um einsam im Kampf mit Wettern und Winden
Lachend und weinend mich wiederzufinden.
        Wildeinsamkeit!

Apage, Satanas!

Nein, lasst mich! — Nimmer mag ich zurück
Zu euch und eurem trügrischen Glück.
Wohl hatt' ich in törichtem, frevelndem Wagen
Zu eurer gleissenden Sündensonne
Sehnsüchtig die Augen emporgeschlagen;
Doch bald, von den grellen Gluten geblendet,
Mit finsteren Blicken mich abgewendet.

Hab ich vergebens manch einsame Nacht
Mit ehrgierdurchglühten Träumen verwacht?
Hab ich umsonst vor dem Kreuze gerungen
In Kämpfen und Qualen, in blutigen Tränen,
Um — eh mir das stolze Hosianna erklungen,
Eh' ich erklommen die Höhen der Erden —
Doch noch vom Brandmal gezeichnet zu werden? —

Seh ich ihn doch, den satanischen Stempel,
Ich seh ihn im Ballsaal — ich seh ihn im Tempel
Grausam auf eure Stirnen geschlagen
— Auf eure weissen Madonnenstirnen —
Ob sie auch stolz Diademe tragen.
Ob sie, in Furcht vor den göttlichen Schergen,
Sich unter den Schleier der Büsserin bergen.

Fühl ich doch selbst bei dem Sieg, dem Applaus
Die heimlichen Qualen aus allem heraus:
Aus nie geweinten, bitteren Zähren;
Aus eurer Augen flackernden Blicken,
Verzehrt von tantalischem Liebesbegehren;
Aus jenem Lachen — gewaltsam — zerrissen —
Aus glühenden, eisigen Judasküssen.

Und eurer Kronen schmeichelnder Flimmer,
Er reizt mich nicht — er kleidet mich nimmer.
Treu, sonder Müdigkeit und Klagen,
Werd ich mit selig verklärtem Lächeln
Den dornigen Reifen weitertragen,
Und jubelnd in rastlosem Vorwärtsdringen
Hoch meine Oriflamme schwingen!

Ich werde mit fiebergebleichten Wangen
In brünstigem, sehnsuchtstiefem Verlangen
— Bedeckt von tausend blutigen Wunden —
Nach meiner Träume Horeb stürmen:
Bis ich die Gottheit, die Gottheit gefunden. — —
Und sterbend die goldene Höh' erreichen
Ohne des Brandmals entweihendes Zeichen!

Profanatio.

Das ist's, was mich so bang bedrükt,
Was all' die Tage auf mir lastet —
Ist denn kein Meister, stolz … beglückt …
An den ihr frecher Hand nicht tastet?

Auf Erden hier kein Höhengeist,
Den — wenn er kaum sich durchgerungen —
Ihr nicht behend herunterreisst
Mit tausend bösen Lästerungen? —

— Ich seh ihn nimmermehr. Den Glanz,
Den Glanz, der jeden Stern mir schmückte,
Eh' durch die Lupe des Verstands
Auch dort der Flecken ich erblickte.

Und alles, was aus voller Brust
Ein gläubig Kind dereinst geschmettert —
Nur Lug und Trug, seit böse Lust
Auch ihn, auch ihn mir noch entgöttert!

Seit sie mein Höchstes mir beraubt
Und ihm die Weihe schnöd benommen,
Seit mir von seinem schönen Haupt
Der Glorienschein verglommen …

Ich hab's erreicht. — Die Höh' erstiegen.
Die rote Höh' des Heiligtums!
Und glückberauscht in vollen Zügen
Geniess ich meines jungen Ruhms.

Erfüllt mein stolzvermessen Hoffen.
Die grosse Nacht hat sich gehellt,
Voll Glanz liegt mir das Leben offen —
Und Siegerlust die Brust mir schwellt.

Ich greife jauchzend in die Saiten
Sing mit des Lebens Hohensang.
Und alle Sinnen kühn sich weiten
Zu neuem, heil'gem Schaffensdrang.

Doch mitten in dem Lustfrohlocken
Klingt's an das Ohr so hold, so traut,
Und alle meine Pulse stocken
Bei eines Kinderstimmchens Laut.

Und fiebrisch, in geheimem Sehnen
Erschauert bang mein junger Leib.
Und heisse, blut'ge Herzenstränen
Weint leise … leis in mir das Weib.

Erkenntnis.

Lenzstürme wieder die Lüfte durchtollen.
Schwellen rings, Jugend und Lebedrang
— Ich aber säumte zu lang,
Zu lang in der dumpfen Klause.
Da treibt's mich hinaus in die würzige Luft,
Ich schlürfe den herben, den köstlichen Duft,
Und küsse die bräutlichen Schollen.
Und tief in den junggrünen Nesselstrauch
Mein zuckendes Antlitz ich tauch:
Den Frühling zu brennen auf Lippen und Wangen
In jähem Verlangen,
In bangender Eile — —
O du fliehende Jugend weile, o weile!

Wandlung.

Herrschsüchtig, ruhmesgier, vom Ehrgeizsporn
getrieben
— Im Herzen, ach kein Hassen mehr und auch
kein Lieben —
Durchhastet' ich die Lande zielbewusst,
Ein Wünschen nur, ein Wollen in der Brust: —
Der Menschheit Seelen mir erobern, sie umfahn,
Gefüge sie mir machen, geistesuntertan,
Aufdrücken ihnen meines Willens Wucht.
So zog ich triumphierend meiner Bahn — — — —
Mein Bestes opfernd jener bösen Sucht.

Da traf ich ihn. Und was mein Geist doch nicht
vermochte,
Der stolze Geist, der andre spielend unterjochte:
Auch ihn in meiner Übermacht Gestehn
Beherrscht, besiegt zu Füssen mir zu sehn;
Auch ihn, auch ihn in seinem kalten Grössenglück
Bewundrungsglühend beugen sehn sein stolz Genick,
Von meines Willens Willen übermannt —
Ein Lachen tat's, ein Fächerspiel, ein Blick,
Ein Fingerzeig von meiner weissen Hand.

Doch jene Siege, mir bislang so lebenswichtig,
Wie dünkten sie mich freudenbar und eigensüchtig,
Als dann so mädchenzahm, so willenlos
Ich hingegeben lag in seinem Schoss,
Beglückend und beglückt vom roten Rosenjoch!
Ein Wissen aber dank ich jener Stunde noch,
Und jauchzend beugt sich Seele ihm und Leib:
Es pflückt die Frau der Siege schönsten doch
Als Mannesmagd, als unterliegend Weib — — — —

Vergänglichkeit.

Und ich wandle einsam im fremden Land
Von der Vorzeit Atem umweht, durch ein ödes Museum.
Gräber rings, Urnen, Asche und Tand —
Einstiger Mausoleen letzt' Mausoleum!

Hier eine prunkhafte Römergruft,
Geschmückt mit Rosengirlanden und Bacchusgelagen;
Doch ein betäubender Moderduft
Entsteigt den leeren, verwitterten Sarkophagen.

Und dort jene Mumie vom heiligen Strom
Mit der pergamentenen Haut, den verschrumpften Zehen,
Daran der Unsterblichkeit Zauberdiplom:
Allewig Leben verheissende Skarabäen.

Pyramidenquadern dazwischen gehäuft. —
Letzte Verschanzung trotziger Pharaonen —
Sie, die dereinstens die Wolken gestreift,
Traurig Trümmerwerk jetzo aus schöneren Zonen.

Und was auch immer das Auge gewahrt —
Steindokumente jeder Zeitenperiode …
Und aus all dem mir doch nur entgegenstarrt
Die Angst, die ungeheure Angst vor dem Tode!

Doch die Zeit, die Allherscherin, rastlos webt.
Späte Spuren, wie bald — und auch sie noch schwanden.
Herr! lass mich nicht sterben, eh' ich gelebt.
Eh' in einem Kind, einem Kind ich aufs neu bin
entstanden. —

Übersicht:

Resonanz

Irrsterne

Die mit * versehenen Gedichte sind aus dem früheren, jetzt vergriffenen Gedichtband der Verfasserin „Primitien" in die vorliegende Sammlung zum Teil in verbesserter Form wieder aufgenommen worden.

„All meine Kräfte stehn im Zenith!"
Julia Virginia Scheuermann und ihr Lyrikband
Sturm und Stern

Heute ist sie kaum mehr bekannt, die Bildhauerin, Malerin, Schriftstellerin und Übersetzerin Julia Virginia Scheuermann (1878–1942). Die vielseitige Künstlerin hatte einige Namen im Laufe ihres Lebens: Als Juliane Johanna Scheuermann kam sie am 1. April 1878 in Frankfurt zur Welt, nannte sich als Künstlerin selbst Julia Virginia, wurde durch ihre erste Heirat zu Julie (oder: Julia Virginia) Fold und durch die zweite zu Julia Virginia Laengsdorff.

Sie stammte aus gutem Hause: Ihr Vater war der Gerichtsrat Wilhelm Scheuermann, ihre Mutter, eine geborene Bromm, entstammte einem alten Frankfurter Patriziergeschlecht. Es müssen fortschrittliche Eltern gewesen sein, denn als ihre künstlerisch begabte Tochter achtzehn Jahre alt war, durfte sie nach München gehen, um sich dort zur Bildhauerin und Malerin ausbilden zu lassen. Schon kurz darauf wechselte Scheuermann allerdings an die Kasseler Akademie, denn diese war „damals das einzige staatliche Institut [...], das Bildhauerinnen zuließ".[1] Im Haus ihres Onkels begegnete sie dort dem Bildhauer und Maler Gustav Eberlein (1847–1926). Er lud sie nach Berlin ein. Und so lernte und arbeitete die junge Künstlerin seit 1899 in Eberleins Atelier in der Hauptstadt. Sie fand offensichtlich schnell Anschluss, war befreundet mit Künstlern und Intellektuellen ihrer Zeit wie Richard Dehmel (1863–1920), Paul Heyse (1830–1914) oder Detlev von Liliencron (1844–1909).

---

[1] Franz Brümmer: Lexikon der deutschen Dichter und Prosaisten vom Beginn des 19. Jahrhunderts bis zur Gegenwart. 6. Aufl. Leipzig 1913, Bd. 6, S. 170.

Zudem hatte sie sehr bald großen Erfolg als Porträtistin, malte Schriftsteller wie Hermann Sudermann (1857–1928) und Ludwig Fulda (1862–1939) – und konnte ihre Porträts 1900 in der Großen Berliner Kunstausstellung präsentieren. Und sie wurde auch selbst gemalt: Im Winter 1903/04, den Scheuermann in München verbrachte, porträtierte Franz von Lenbach (1836–1904) die junge Frau mehrfach – eine bedeutende Erfahrung, deren sie im Gedicht „Zum Tod Franz von Lenbachs" gedenkt: „Glanzbilder gleiten grüssend mir vorüber. | Holdseligs leuchtet, was ins Leben mir gestrahlt: | Ich sehe mich dir wiederum genüber; | Seh, wie dein Zauberpinsel froh mich malt" (S. 69).

Außer den deutschen Städten Frankfurt, München und Berlin waren Italien und Frankreich wichtige Lebensstationen. Mehrere Italienreisen wurden zu Inspirationsquellen ihrer Gedichte, die sie in insgesamt drei Bänden unter dem Pseudonym Julia Virginia veröffentlichte: *Primitien* (o.J. [1903]), *Sturm und Stern* (1905) und *Das bunte Band* (o.J. [1913]). Noch mehr beachtetet als ihre eigene Lyrik wurde ein Band, den Scheuermann als Herausgeberin verantwortete: die Anthologie *Frauenlyrik unserer Zeit* (1907). Im Vorwort nennt sie die „neuzeitliche Frauenlyrik" „eine Entschleierung der weiblichen Psyche".[2] Im gleichen Jahr erschien außerdem ein von ihr herausgegebenes Bändchen mit Gedichten von Annette von Droste-Hülshoff; desweiteren übersetzte sie in den kommenden Jahren Literatur aus dem Russischen, Ukrainischen und Französischen.

Angekommen jedoch fühlte sich Scheuermann, die laut Brümmers Lexikon von 1913 den Sommer stets in Frankfurt, den Winter in Berlin verbrachte, offenbar noch nicht.

---

[2] Julia Virginia [Scheuermann] (Hg.): Frauenlyrik unserer Zeit. Mit 8 Bildnissen. 2. Aufl. Berlin, Leipzig 1907, S. 5.

Sie ging zum Studium der Malerei nach Paris, wo sie einen Bankier namens Fould heiratete. Nach dessen Tod kehrte sie nach Deutschland zurück, ging in den 1920er-Jahren erneut die Ehe ein und hieß nun Laengsdorff. Offenbar blieb sie forthin dauerhaft in ihrer Geburtsstadt; *Kürschners deutscher Literatur-Kalender* führt sie 1934 als „Bildhauerin und Malerin" auf, wohnhaft in der Leerbachstraße 71 in Frankfurt.[3]

Scheuermann wirkte aber nicht nur als Bildhauerin und Malerin, sondern schrieb auch weiterhin. Zwar dichtete sie nicht mehr – ihre Lyrikpublikationen lagen lange zurück –, sie verfasste jedoch in den 1920er- und 1930er-Jahren regelmäßig Beiträge für Zeitschriften und Zeitungen wie *Westermanns Monatshefte*, *Frankfurter Zeitung*, *Frau und Gegenwart* und *Neue Frauenkleidung und Frauenkultur*. Ihre bevorzugten Themen waren weibliche Persönlichkeiten, Malerinnen wie ihre Zeitgenossinnen Ottilie Wilhelmine Roederstein (1859–1937) oder Helene von Beckerath (1872–1946), deren Lebenswege als professionelle Künstlerinnen – die eine in einer lesbischen Beziehung, die andere als Single lebend – sie beeindruckten. Aber auch historische Frauen an der Seite berühmter Männer wie Cornelia Goethe (1750–1777) oder Margarethe Elisabeth Soemmerring (1768–1802) würdigte Scheuermann in ihren Artikeln.

War Julia Virginia Scheuermann eine Feministin? Dafür spricht, dass sie im Lauf ihres Lebens verschiedenen Frauenvereinigungen, etwa dem Berliner Frauenclub von 1900, angehörte. Auch aufgrund ihrer bemerkenswerten Sammlung zur zeitgenössischen Frauenlyrik von 1907 wird

---

[3] Kürschners deutscher Literatur-Kalender 47 (1934), S. 46. Klötzer nimmt Scheuermann in sein Frankfurt-Lexikon auf, vgl. Wolfgang Klötzer: Frankfurter Biographie. Personengeschichtliches Lexikon. 2 Bde. Frankfurt a.M. 1994/96, Bd. 2 (1996), S. 274.

sie manchmal zur Frauenbewegung gezählt oder auch gar als Feministin bezeichnet. Gegen dieses Attribut spricht indessen die Tendenz etlicher ihrer Gedichte, die Mannesergebenheit und Mutterschaft feiern – und in denen beispielsweise jubelnden Versen über erreichten Künstlerinnenruhm die Klage folgt: „Doch mitten in dem Lustfrohlocken | Klingt's an das Ohr so hold, so traut, | Und alle meine Pulse stocken | Bei eines Kinderstimmchens Laut. | Und fiebrisch, in geheimem Sehnen | Erschauert bang mein junger Leib. | Und heiße, blut'ge Herzenstränen | Weint leise … leis in mir das Weib." (S. 113) – Ein Gedicht, das Eduard Engel in seiner *Geschichte der Deutschen Literatur des Neunzehnten Jahrhunderts und der Gegenwart* (1913) prompt als einzige „Probe" für Scheuermanns Lyrik zitiert. Es sei ein bezeichnendes Stück, „dessen Grundempfindung kaum bei einer der unvermählten oder kinderlosen Dichterinnen fehlt".[4]

Weibliche Künstlerschaft ist Scheuermanns Lebensthema, ihr schriftstellerisches Engagement dafür ist zweifellos ein generelles Anliegen der Frauenbewegung. Zugleich verfasste sie jedoch auch das Vorwort „Von alter deutscher Kochkunst" für Ernst Marquardts patriotisch-konservative *Deutsche Heimatküche*, die 1935 im Frankfurter Societätsverlag erschien. Darüber hinaus ist zu wenig bekannt über Scheuermann, um sie als Künstlerin, die auch während der nationalsozialistischen Herrschaft weiter arbeitete, wirklich einordnen zu können. Denn ihre Spur verliert sich immer mehr. Allgemein gilt ihr Verbleib nach 1938 als unbekannt.[5] Das *Schopenhauer-Jahrbuch* von 1943 vermerkt indessen den

---

[4] Eduard Engel: Geschichte der Deutschen Literatur des Neunzehnten Jahrhunderts und der Gegenwart. Wien, Leipzig 1913, S. 374.
[5] Vgl. z.B. Klötzer: Frankfurter Biographie, Bd. 2 (1996), S. 274.

23.4.1942 als Scheuermanns Todesdatum und fügt hinzu, sie habe am 21.3. ihr Testament gemacht.[6]

Vorgelegt wird hier in einer Neuedition Julia Virginia Scheuermanns Gedichtsammlung *Sturm und Stern* (1905), die im Original 73 Gedichte auf 128 Seiten enthält. 52 davon waren bereits im „jetzt vergriffenen" Band *Primitien* erschienen; der Wiederabdruck nimmt die Gedichte „zum Teil in verbesserter Form" (S. 122) erneut auf.

Sturm und Stern ist ein kraftvoller schmaler Lyrikband, voller großer Worte und großer Gefühle, Ideen und Impulse, Empfindungen und Eindrücke – und dabei voller Widersprüche. Bereits der Auftakt des Bandes, der bei Schuster und Loeffler in Berlin und Leipzig erschien, ist signifikant: die Widmung. Sie gilt Ellen Key (1849–1926), ist jener schwedischen Reformpädagogin und Frauenrechtlerin „in Verehrung zugeeignet", die in der Mutterschaft die einzige Berufung der Frau sah und zudem mit ihrer Schrift *Barnets århundrade* (*Das Jahrhundert des Kindes*, 1902) eine sozialdarwinistische und rassische Ideologie vertrat. Dazu passt das Eröffnungsgedicht von *Sturm und Stern*, das der Gliederung in Abschnitte vorausgeht und damit eine Sonderstellung einnimmt: Es ist „An meine Mutter" gerichtet. Im Schlussgedicht, „Vergänglichkeit", wird das Thema Mutterschaft erneut aufgegriffen, die letzten Verse formulieren den sehnsüchtigen Wunsch der Sprecherin nach einem Kind: „Herr! lass mich nicht sterben, eh' ich gelebt, | Eh' in einem Kind, einem Kind ich aufs neu bin erstanden. –" (S. 118). Der thematische Rahmen ist zweifellos bewusst so angelegt, die Gedichte wurden für den Druck in einer bestimmten Folge angeordnet. Was aber befindet sich

---

6 Schopenhauer-Jahrbuch 30 (1943), S. 299.

nun in diesem geschlossenen Rahmen? Wie fügen die Texte sich ein in das hohe Lied auf Mütter und Mütterlichkeit? Einige sehr gut – die meisten aber überhaupt nicht.

Worum geht es also noch in der Dichtung der Julia Virginia? *Sturm und Stern* erzählt über weite Strecken die Geschichte einer persönlichen Entwicklung, einer Wandlung und Reifung. Der Band mutet wie ein lyrisches Tagebuch an, geführt von einer Sprecherin, die um ihre Rolle in der Welt ringt: als Künstlerin, als Liebende, als moderne Frau, als Mensch. Ein autobiografischer Bezug zu Scheuermanns eigener Vita liegt nahe, ist aber aufgrund der oberflächlichen Kenntnisse ihres Lebens nicht belegbar. Für die hier eingenommene Perspektive auf die Gedichte ist das auch nicht entscheidend: Es geht um das im Text inszenierte lyrische Ego, nicht um das Ego der Autorin.

Und jenes lyrische Ich steht zunächst „Am Altar der Kunst", wie die erste Abschnittsüberschrift meldet. In leidenschaftlichen, oft pathetischen, bildgesättigten Gedichten wird die Kunst als Ersatzreligion gefeiert. Sich selbst sieht das Ich als Priesterin, sehnsuchtsvoll nach Schönheit, Licht, Kunst strebend. Dabei nimmt es, obgleich als weiblich ausgewiesen, einen männlich kodierten Sprachgestus ein: Es erscheint als Stürmer und Dränger, als kampflustiger Krieger, als Jäger, als todesmutiger Held. „Sempre avanti!" lautet der „Schlachtruf" (S. 13), der mit einer klaren Absage an eher (auch) weiblich besetzte weibliche Gedichtthemen („rote Liebesrosen", S. 14) korrespondiert. Neben der Kunst besitzen die Gedichte einen zweiten wichtigen Fokus: das Ich selbst. *Ich will! –"* (S. 15) ist ein Text überschrieben. Und jene Feier der Subjektivität, des künstlerischen Schöpferinnen-Ichs, nimmt auch beinahe religiöse Züge an. Engel spricht in seiner Literaturgeschichte von 1913 von einem

starken „Drang zur persönlichen Bekenntnislyrik": „In ih-
ren zwei Gedichtbänden: Primitien, Sturm und Stern (1905)
lodern die Flammen einer Künstlernatur, manchmal nur
mit Flackerfeuer, öfter jedoch aus voller Glut und mit rei-
nem Licht."[7]

Die Kunst und das Ich: die beiden – miteinander verbun-
denen – Anbetungsobjekte müssen schon bald ihren Platz
in der ersten Reihe räumen. Im vorletzten Gedicht des Ab-
schnitts „Am Altar der Kunst" heißt es: „Die Priest'rin starb
dem Weib in mir" (S. 17) … Die Liebe ersetzt die Kunst.
Und in unverkennbarer, bis in die religiöse Metaphorik
hineingehender Analogie wird fortan die Liebe hymnisch
gefeiert – und gläubig angebetet. Doch auch dieser Zustand
hält nicht lange vor. Scheuermanns Lyrik richtet sich nie be-
haglich bei einer Position ein; nicht einmal innerhalb einer
Textgruppe wird eine Grundhaltung, eine Zielrichtung bei-
behalten. Wenn überhaupt Kontinuität vorhanden ist, dann
eine des Suchens und Fragens, des Unterwegsseins.

„Fata Morgana": Die nächste Abschnittsüberschrift ver-
weist bereits auf das Vergebliche, auf die negative Seite der
neuen ‚Religion': Liebe ist zum Vergehen verurteilt. Zu-
nächst aber wird sie ausgiebig und leidenschaftlich gefeiert
– in sinnlichen, mit sexuell konnotierten Naturmetaphern
und mit Kunstassoziationen angereicherten Gedichten. Die
Liebe entsteht in Italien, das ganz konventionell als Ort
der Liebe, der Helligkeit, des Lebens inszeniert wird, wo
„Nordländ'sche Nebel […] bald zerronnen" (S. 23). Dem
Ausleben der Liebe stehen Konzepte wie Schuld, Gewissen,
Verzicht entgegen – der Mann ist verheiratet (vgl. später
„Fatum" und „Nachklang"). Das lyrische Ich reagiert mit
Todessehnsucht und melancholischer Erinnerung.

---

[7] Engel: Geschichte der Deutschen Literatur, S. 374.

Eine Reihe von Gedichten unter „Fata Morgana" ist zusammengefasst unter der Formel „Neues Leben!" Wo wird der Aufbruch heraus aus der Depression gesucht, wo findet er Vergleiche, Analogien, Korrespondenzen? Scheuermann ist hier nicht originell, auch sie sucht und findet jene Korrespondenzen in der Natur. Nun ist es die Natur, die religiös verbrämt wird: „Gottes Odem streifet sie" (S. 33), heißt es im Gedicht „Andacht der Natur". Frühling und Sommer symbolisieren das Leben, das in all seinen körperlich-sinnlichen, sexuellen Dimensionen gefeiert wird („Sturm an Liguriens Küste", S. 35f.). Es wogt „das Hohelied der Leidenschaft" (S. 37). Besonders charakteristisch für die Feier des Lebens ist das Gedicht „Leben!" (S. 40f.), das in wilden Sturmmetaphern den „bacchantischen Strudel" des Lebens feiert – in den das Ich sich hemmungslos und wild stürzen will. Ein Gedicht, das nicht zufällig auch die Forschung zur lebensphilosophischen Lyrik um 1900 berücksichtigt.[8]

Doch sind Liebe, Leidenschaft, Leben wie gesagt keineswegs erreichte Ziele; fast ausnahmslos werden sie als unerfüllte Sehnsüchte moduliert. Dabei nimmt eine Idee immer deutlichere Konturen an in Scheuermanns Liebeslyrik: die der weiblichen Selbsterniedrigung. Die wilde, beinahe herrische Lebens-Künstlerin wandelt sich zum ‚Weib', das sich in den Schoß des starken Mannes schmiegt: Leidenschaft wird nicht nur als völlige Hingabe, sondern als Selbstaufgabe definiert. Das Ich begreift sich ganz bewusst nicht mehr als willensstarke Herrscherin, sondern als „Eigentum" (S. 45) des Mannes. „Besiegt" heißt bezeichnenderweise eine weitere Gedichtreihe im Abschnitt „Fata Morgana".

---

[8] Sven Halse: Zyklischer Vitalismus. Die Dialektik von Tod und Leben in der deutschen Lyrik 1890–1905, in: Adam Paulsen, Anna Sandberg (Hg.): Natur und Moderne um 1900. Räume – Repräsentationen – Medien. Bielefeld 2013, S. 203-218, hier S. 209.

Selbst noch dann, wenn die Liebende vom Mann verschmäht wird, findet sie immer neue Bilder der eigenen, zuweilen mehr liebestollen als liebevollen Erniedrigung. Der „Herrscherlauf" des Mannes zertritt das weibliche Ich wie „dort im Staub den Wurm" (S. 61). Diese regressive, ja reaktionäre Definition der Rollen von Mann und Frau, die Gedichte wie „Weibesliebe" (S. 58f.) als der geschlechtlichen Ordnung entsprechend bejahen, irritiert heute zweifellos. Sicherlich würde man heute hinter der Überschrift „Mein Menschenrecht!" (S. 56) etwas Anderes erwarten als eine Feier des Mannes als Erwecker, gar „Erschaffer" des Weibes, das diesem in sexueller Abhängigkeit vollkommen ergeben ist.

Aus der Reihe der Liebesgedichte des Bandes *Sturm und Stern* heben sich einige heraus. So das bemerkenswerte Sonett „Nevermore" (S. 62), das in wuchtiger Bildmächtigkeit, Sprachneuschöpfungslust und Farbenpracht den Herbst in Korrespondenz zum „herbstenden Gemüte" des schwermütigen Ich setzt: ‚Hohltönig fühlloses' Laub unter den Füßen, zerfetzte, durch die Luft ‚geisternde' Wolken und eine graue, lebensmatte, von warmer Liebessonne ‚enthellte' Seele sind die Zutaten zu einem wahrhaft präexpressionistischen Gedicht. Wieder kämpferischer, trotz allem Liebesschmerz, mutet das anschließende Gedicht „O, dass ich dich so sehr geliebt!" (S. 63f.) an: Das Ich schaut zurück auf den Geliebten, wirft aber auch einen trotzigen Blick auf dessen künftiges spießbürgerliches, feiges Leben in „dumpfen Schranken", das im Kontrast zum eigenen Weiterstreben steht, mit allen gebliebenen Kräften (S. 64).

Etwas erratisch in jener lyrischen Narration einer Entwicklung und Wandlung, wie sie *Sturm und Stern* inszeniert, wirken einige wenige Gelegenheitsgedichte – „Der

Fürst in der Herberge", „Zum Tode Franz von Lenbachs" und „An Maria Bashkirtseff" (S. 67-72).[9] Im Inhaltsverzeichnis findet man sie unpassender Weise weiterhin unter einer kleinschrittigeren Abschnitts-Überschrift „Besiegt".

Nach „Am Altar der Kunst" und „Fata Morgana" folgt als dritter Großabschnitt „Resonanz" (S. 79ff.). Kämpferisch klingen die Verse des Eröffnungsgedichtes, die eine klingende Leier „Vielleicht dir zur Lust – vielleicht dir zum Spott" ankündigen. Angesprochen wird „Mein Dämon, mein Vampyr, mein Gott!" (S. 81). Das Ich bezeichnet rückblickend seine bisherigen Liebesabschiedsgedichte als die „blutroten Lieder der Qual" (S. 82), ohne dass die Sehnsucht gestillt wäre. Melancholisch werden weiterhin die Erinnerung, der schmerzliche Blick zurück, beschworen, zugleich aber auch der kämpferisch-trotzige Gegenpol, der Blick nach vorn: „Ich aber werde weitergehn | Den langen Weg, besät mit spitz'gen Scherben, | Werd Bilder malen – Töpfe drehn – | Werd Verse schmieden – und im Winkel sterben." (S. 88) In dem hier zitierten Gedicht „Nein, eine Geisha bin ich nicht ..." (S. 87f.) wird trotz Bekenntnis zu Sinnlichkeit und Körperlichkeit, zu Leben, Liebe und Leidenschaft die Abgrenzung gegenüber der so genannten „Epikuräerschar" deutlich. Ziel des lyrischen Ich ist „Der Eine unterm Himmelszelt" (S. 87). Ein ambivalenteres Spektakel orgiastischer Promiskuität evoziert weiter unten das Gedicht „Bacchanal" (S. 107f.).

Es mischen sich in den Abschnitt „Resonanz" auch gegenwartsbezogene Texte, die über den radikal subjektiven Blick auf das eigene Leben, Lieben und Leiden hinausgehen. „Rêverie" etwa nimmt mit spitzer Ironie die moder-

---

[9] Vgl. auch die spätere Übersetzung Scheuermanns: Maria Bashkirtseff: Tagebuchblätter und Briefwechsel mit Guy de Maupassant. Leipzig 1910.

ne Gesellschaft aufs Korn: die „Misère", das „siècle der Mucker, der Sezession, | Der Brettl, der Töff-Töff-Wagen" (S. 89). Als utopische Gegenwelt erscheint der antike Naturzustand, der nicht zufällig „in grüner Tiefeinsamkeit" (S. 89) imaginiert wird. In der idealen „Heidenwelt" der Antike herrschen unverbildete, unschuldige, nackte Schönheit und Liebe. Die Moderne erscheint als depraviert, dekadent, als ‚entkräftigende Hyperkultur'; aktualisierende Bezugsworte wie ‚lex Heinze" Nietzsches ‚Übermenschentum' und Ibsens ‚Nora' fallen. Aus all dem will das Ich heraus – vergeblich, wie die ironische Wende am Ende zeigt:

„O selige Zeit der Venus-Macht!
O Kunst! O griechische Taille!!
– – – – – – – – –
Ein jähes Erwachen. – In keuchender Hast
Entfahr ich dem blumigen Bette,
Denn ach! ich vergeh, ich ersticke fast
In dem neuen Pariser Korsette!" (S. 90)

Ganz ähnlich – bis in die neologistische Metapher des Titels hinein – ist das Gedicht „Wildeinsamkeit" aufgebaut, das dem negativ konnotierten „Gewoge der Weltstadtkultur" den positiven „Kampf mit Wettern und Winden" in der „Wildeinsamkeit" gegenüber stellt (S. 109). Es folgen Gegenwartsimpressionen von Paris, Straßenszenen und Museumseindrücke (S. 96-98). Das letzte Gedicht des Abschnitts „Resonanz" singt erneut „Das Hohelied beglückter Mutterschaft!" (S. 98).

„Irrsterne" ist der vierte und letzte Abschnitt überschrieben. Er beginnt mit melancholischen, zuweilen depressiven Rückblicken auf zerstörte Träume von Ehre und Ruhm, von Freiheit und Höhe und abermals von Liebesverlust. Und wenn es einmal um erreichten Ruhm, um gelingende Künstlerkarriere geht, ist dies ohne die Liebe wertlos. Ein Gedicht beginnt zunächst mit dem Vers: „Ich hab's erreicht. – Die Höh' erstiegen"; das Ich erscheint als Angekommene, der das Leben offen steht, voll „Siegerlust", „Schaffensdrang" und „Lustfrohlocken" (S. 113). Das Hochgefühl wird jedoch jäh zerstört durch „eines Kinderstimmchens Laut" (S. 113). Mutterglück bleibt das Höchste – ergänzend zur Mannesliebe. Der Text „Wandlung" bringt Letzteres noch einmal in aller Klarheit auf den Punkt: Der als essenziell empfundene Sieg des eigenen Willens und Geistes, wird unwichtig angesichts der Liebe, die die Frau „willenlos" mache. „Es pflückt die Frau der Siege schönsten doch | Als Mannesmagd, als unterliegend Weib – – – –" (S. 116) Scheuermanns antiemanzipatorisches Bekenntnis findet sich im vorletzten Gedicht des Bandes, dem sich dann konsequent das letzte, „Vergänglichkeit", mit dem bereits zitierten Kinderwunsch anfügt.

Was prägt sich ein vom lyrischen ‚Sturm' der Julia Virginia Scheuermann? Der schmale Lyrikband leistet eine leidenschaftliche Auseinandersetzung mit der Moderne und ihren Brüchen und Widersprüchen. Er treibt die Zerrissenheit des Zeitgenossen und vor allem der Zeitgenossin sprachlich hervor. Er spürt den Verwerfungen von Kunst und Leben, von Ideal und Realität, von Sinnlichkeit und Intellektualität poetisch nach und reagiert auf sie teils progressiv, teils regressiv. Eine dieser Reaktionen ist die Sakralisierung des Säkularen: Inszeniert werden eine Kunstreligion und eine Liebesreligion, beide gleichermaßen mit gläubigster Devotion praktiziert.

Scheuermanns lyrische Sprache ist kühn, wuchtig, farbenfroh und bildgewaltig, von klischeenahem Pathos bis Präexpressionismus. Zu erleben sind sprachliche Urgewalten – Stürme eben. Es sind starke, energische Texte, die manchmal wie herausgeschrien wirken vor Verzweiflung und Lebenslust zugleich und die einen Hochgesang auf die Kunst, die Liebe und das Leben anstimmen.

Bildnachweis

S. 2, Porträt Julia Virginia Scheuermann: Universitäts- und Landesbibliothek Münster, SA 34312.

Editorische Notiz

Der Text der vorliegenden Edition folgt der Erstausgabe: *Sturm und Stern*. Schuster & Loeffler, Berlin und Leipzig 1905.

In die Orthographie wurde nicht eingegriffen, der originale Lautstand und grammatikalische Eigenheiten bleiben gewahrt. Die Interpunktion folgt der Druckvorlage.

Die Herausgeberin

Nikola Roßbach ist Professorin für Neuere deutsche Literatur an der Universität Kassel. Sie hat zahlreiche Publikationen zur Literatur und Kultur des 17. bis 21. Jahrhunderts vorgelegt. Unter anderem erforscht sie das Verhältnis von Wissen(schaft) und Geschlechtergeschichte, die Theatralität frühneuzeitlicher Wissenskulturen sowie interkulturelle Konstruktionen von Wissen.

Literatinnen um 1900

In dieser Reihe bereits erschienen:

Bd. 1: Joe Lederer: *Das Mädchen George.*
Herausgegeben von Hartmut Vollmer. Br., 172 S., 18,- €
ISBN 978-3-86815-035-3

Bd. 2: Ida Boy-Ed: *Empor!*
Herausgegeben von Carsten Dürkob. Br., 220 S., 18,- €
ISBN 978-3-86815036-0

Bd. 3: Franziska Gräfin zu Reventlow: *Ellen Olestjerne.*
Herausgegeben von Karin Tebben. Br., 172 S., 18,- €
ISBN 978-3-86815-090-2

Bd. 4: Helene Böhlau: *Der Rangierbahnhof.*
Herausgegeben von Carsten Dürkob. Br., 204 S., 18,-€
ISBN 978-3-86815525-9

Bd. 5: Gabriele Reuter: *Das Tränenhaus.*
Herausgegeben von Carsten Dürkob. Br. 184 S., 18,90 €
ISBN 978-3-86815-572-3

Bd. 6: Toni Schwabe: *Die Hochzeit der Esther Franzenius.*
Herausgegeben von Jenny Bauer. Br. 148 S., 14,90 €
ISBN 978-3-86815-573-0

Bd. 7: Ilse Frapan: *Die Betrogenen.*
Herausgegeben von Karin Terborg. Br., 228 S., 19,90 €
ISBN 978-3-86815-705-5